Richard Schubert-Solden

Über Transzendenez der Objekte und Subjekte

Richard Schubert-Solden

Über Transzendenez der Objekte und Subjekte

ISBN/EAN: 9783744635271

Hergestellt in Europa, USA, Kanada, Australien, Japan

Cover: Foto ©Andreas Hilbeck / pixelio.de

Weitere Bücher finden Sie auf **www.hansebooks.com**

Ueber

Transcendenz des Objects

und

Subjects.

Von

Dr. Richard von Schubert-Soldern.

Leipzig,

Fues's Verlag (R. Reisland).

1882.

Inhalt.

Seite

A. Einleitung und geschichtliche Rückblicke über die Ent-
wickelung der Transcendenz 1

   I. Einleitung 1
  II. Die Neuzeit, Descartes und Spinoza . . . 6
 III. Locke und Leibnitz 12
 IV. Berkeley und Hume 21
  V. Kant 27

B. Die Transcendenz des Objects und Subjects 37

   I. Das transcendente Object 37
     1. Die Transcendenz im Allgemeinen 37
     2. Die Transcendenz des unbestimmten Etwas . . . 39
     3. Transcendenz des doppelten Gegenstandes 41
     4. Substanz 52
     5. Das Atom und die naturwissenschaftliche Metaphysik 55
  II. Transcendenz des Subjects — Fichte 76
     1. Transcendenz des eigenen Ich 79
     2. Das Wesen des Ich 82
     3. Das fremde Ich 86
     4. Werth des fremden Ich 88
     5. Das Denken als abstrahirend 91

Ueber

Transcendenz des Objects und Subjects.

A.

Einleitung und geschichtliche Rückblicke über die Entwickelung des Begriffes der Transcendenz.

I. Einleitung.

Die Welt, wie sie sich uns unmittelbar bietet, bedarf einer Ergänzung ihres Zusammenhanges, einer Vervollständigung; wer dieses leugnet, leugnet die Möglichkeit einer Philosophie, ja einer Wissenschaft überhaupt. Aber diese Ergänzung darf, das wird man wohl allgemein zugestehen, nicht der Welt, wie sie sich uns unmittelbar bietet, aufgezwungen werden, sondern sie muss sich aus dem unmittelbar Gegebenen selbst nothwendig ergeben, sich uns selbst aufzwingen, d. h. die Ergänzung muss eine nothwendige sein. Aber nothwendig für sich allein ist Nichts. Das vollständig Isolirte ist in keiner Beziehung zu etwas Anderem, mithin auch in keinem Unterschiede zu etwas Anderem gedacht; es soll also unterschiedslos gedacht werden, das ist aber ein Postulat, das unausführbar ist: denn was ich von Anderem nicht unterscheide, kann ich doch nicht als etwas von Anderem Verschiedenes denken; ich muss es also entweder durch einen Unterschied denken, oder es fällt mit allem Anderen unterschiedslos zusammen, d. h. es ist nicht.

Es kann also nur Etwas nothwendig sein in seiner Beziehung zu Anderem, weil es nur in solcher Beziehung überhaupt denkbar ist. Daher kann es etwas an und für sich Nothwendiges nicht geben, ausser es bedeutet dieses an und für sich Nothwendige nichts Anderes, als dass der nothwendige

Zusammenhang desselben mit Anderem unmittelbar schon gegeben ist, seine nothwendige Ergänzung nicht erst gesucht werden muss. Es wird daher die Ergänzung der unmittelbar gegebenen Welt ihre Nothwendigkeit nur in ihrer Beziehung zur unmittelbar gegebenen Welt selbst finden können, da es an und für sich keine Nothwendigkeit beanspruchen darf. In dieser seiner Nacktheit scheint der Satz wohl sehr selbstverständlich zu sein, in seinen besonderen Gestaltungen wird ihm jedoch oft in's Gesicht geschlagen. Wir wollen an einem Beispiele seine Tragweite klarstellen. Warum sieht ein gesundes Auge Farben? Weil es durch Aetherschwingungen afficirt wird; woher entstehen die Aetherschwingungen? durch selbst in ihren kleinsten Theilen in Schwingung befindliche Körper; und woher haben diese ihre Bewegung? Hier wird nur geantwortet werden können, dass eine ursprüngliche Kraft, d. h. Bewegung, schon angenommen werden muss. Von wem? Von uns. Und weswegen? Weil in dem unmittelbar uns Gegebenen ein Zusammenhang nicht denkbar wäre ohne eine solche Ergänzung durch eine ursprüngliche Bewegung; weil das unmittelbar Gegebene zu einer solchen Erklärung hindrängt; weil wir es annehmen müssen, wenn wir das unmittelbar Gegebene anerkennen wollen. Der Realgrund jener Ergänzung liegt also in der unmittelbar gegebenen Welt. Nimmt man diese hinweg, bleibt dann noch die Ergänzung? Wie Viele werden sagen: hätte es auch nie ein Auge gegeben, die von der Sonne ausgehenden Aetherschwingungen hätten dennoch die Erde beleuchtet und erwärmt. — Aber man frage sie nur nicht, woher sie es wissen.

Liegt aber die Nothwendigkeit einer jeden Ergänzung im unmittelbar Gegebenen, so ist· die Frage vor Allem die: was ist das unmittelbar Gegebene? Versteht man aber unter „unmittelbar" Etwas, das durch keine Vermittelung, also Beziehung auf etwas Anderes gegeben ist, so ist überhaupt Nichts unmittelbar gegeben, denn Alles ist nur denkbar durch begriffliche, räumliche und zeitliche Vermittelung. Ja es ist überhaupt gar nichts so unmittelbar gegeben, dass es nicht schon zum Theil ergänzt wäre. Will man aber alle Vermittelung aus-

scheiden, dann kommt man entweder zu etwas ganz Unter-
schiedslosem und daher Undenkbarem oder zu einem Abstractum,
das erst recht durch Vermittelung gegeben ist: denn ein Abstractum ist nur denkbar durch Vermittelung eines Concretum.
Es bleibt aber noch ein Weg übrig: nämlich das unmittelbar
Gegebene für das Concrete $\varkappa\alpha\tau'$ $\dot{\varepsilon}\xi o\chi\dot{\eta}\nu$ zu erklären, das un-
ausdrückbar nur mit dem Finger bezeichnet werden kann:
dieses da! Doch was soll man mit einem „dieses da" anfangen?
Kann man irgend ein Gesetz, irgend eine nothwendige Aussage
auf ein „dieses da" als „dieses da" zurückführen? Oder ist
man nicht viel mehr genöthigt, das „dieses da" als etwas begrifflich Bestimmtes und Unterschiedenes, mithin Vermitteltes zu
fassen, sobald man auch nur den geringsten Gebrauch von
demselben, sei es praktisch oder theoretisch, machen will?
Das „dieses da" oder die hinweisende Geberde ist eben nur
ein verkürzender Ausdruck für etwas begrifflich Gedachtes und
Unterschiedenes, es ist die Hinweisung auf etwas ganz Bestimmtes, nimmt man diese Bestimmtheit aber vollständig hinweg,
dann bleibt das leere Etwas, das Hegel ganz richtig mit dem reinen
Nichts seinem Inhalte nach identificirt hat. Sonach wären wir
also eigentlich zu dem Resultate gelangt: ein unmittelbar Gegebenes ist nie vorhanden? Dieser Satz ist auch ganz richtig,
sobald das „unmittelbar" im absoluten Sinne gefasst wird.
Etwas absolut Unmittelbares ist nie vorhanden; oder wenn
man will: Alles, was zu irgend einer Zeit im Bewusstsein vorhanden ist, ist unmittelbar gegeben. Es ist also demgemäss
unmittelbar so Verschiedenes gegeben, dass mit diesem Aus-
drucke gar nichts Bestimmtes bezeichnet ist. Von einem Baume,
den ich wahrnehme, wird man doch wohl behaupten: er sei
unmittelbar gegeben? Doch man nehme alle vergangenen Wahrnehmungen, also die Reproductionsbethätigung beim Betrachten
des Baumes, man nehme alle früher vollzogenen und jetzt
wieder anwendbaren begrifflichen Processe hinweg und frage
sich dann, ob dieser Baum noch als Baum wahrgenommen
wird? Wer auf diese Frage mit „Ja" antworten kann, für den
giebt es ein absolut Unmittelbares; ich sehe mich genöthigt,

1*

darauf mit „Nein" zu antworten. Wenn es aber kein absolut Unmittelbares giebt, was soll dann die Ergänzung, die doch nur in Bezug auf ein unmittelbar und ursprünglich Gegebenes Ergänzung sein kann? Darauf ist nur zu antworten, dass mit dem absolut Unmittelbaren das relativ Unmittelbare noch nicht geleugnet ist. Es kann nämlich fast Alles als eine Ergänzung aufgefasst werden, die ohne gewisse vorhergehende Bedingungen, Bewusstseinsthatsachen gar nicht hätte erfolgen können. Jene vorhergehenden Thatsachen sind unmittelbarer, die Ergänzung vermittelter gegeben. Z. B.: Die Undulationstheorie zur Erklärung der Lichterscheinungen ist vermittelt durch die unmittelbarer gegebenen Lichterscheinungen und Empfindungen selbst. Oder will man behaupten, man hätte jemals zur Aufstellung einer Undulationstheorie gelangen können, ohne jemals vorher Lichtempfindungen gehabt zu haben? Und dennoch sind jene absichtlich hervorgerufenen Lichterscheinungen (Experimente), auf denen als Grundlage jene Theorie aufgebaut ist, doch gewiss nicht unvermittelt gegeben; ja gerade der reinste und einfachste Farbenton oder Lichteffect bedarf einer grossen Vermittelung seiner Isolirung und die im gewöhnlichen Leben vorkommenden Lichterscheinungen sind ohne psychologische und begriffliche Vermittelung und Bearbeitung gar nicht denkbar. Daher ist auch mit den Worten „unmittelbar gegeben" rein gar nichts ausgedrückt, wenn nicht hinzugefügt ist in Bezug auf was, etwas „unmittelbar gegeben" sein soll. Das Mittelbare und Unmittelbare erstreckt sich nach zwei Seiten hin und verläuft in's Nichts, oder, wenn man will, die Unendlichkeit. Dasjenige Mittelbare, das gleichsam durch alles Uebrige vermittelt und getragen erscheint, sind die höchsten und abstractesten Begriffe, die in den allerhöchsten und abstractesten, aber auch nichtssagendsten Begriff des Seins überhaupt einmünden. Das Unmittelbare aber, das allem Uebrigen als Grundlage dienen soll, ist jenes Allerconcreteste: „dieses da" in seiner vollen Bestimmungslosigkeit und daher Leerheit. Es ist klar, dass beide Extreme niemals überhaupt gegeben sind, dass vielmehr jenes „Allerconcreteste" ein ebensolches Abstractum ist,

wie das „Allerabstracteste". Beide sind nur denkbar als Process: einmal Alles „als noch zu bestimmt gedacht" aus dem
Bewusstsein fortzuweisen, ohne jemals zu etwas gar nicht bestimmt Gedachten kommen zu können und das andere Mal
Alles als „noch nicht genügend bestimmt" aus dem Bewusstsein
fortzuweisen, ohne zu etwas gar nicht mehr weiter Bestimm-
baren gelangen zu können. Was gegeben ist, ist aber relativ
gegeben als mehr oder weniger Vermitteltes, und die Suche
nach dem Ursprünglichsten und Vermitteltsten führt zu einem
regressus in infinitum in's Leere hinein. Was uns gegeben
ist, ist ein Stückwerk, das nach allen Seiten hin in's Unbestimmte und Unbestimmbare ausläuft, ein Stückwerk, das zur
steten Ergänzung auffordert oder eigentlich sich stetig selbst
ergänzt: nach der Zukunft und der Vergangenheit hin.

Um was es sich nun hier in dieser Abhandlung vor Allem
handelt, ist: Ob uns die Ergänzung jemals zu Annahmen führen
kann, die in ihren Elementen von dem uns vorher und daher
unmittelbarer Gegebenen toto genere verschieden sind, mit ihnen
absolut gar nichts gemein haben, oder ob vielmehr nicht eine
jede Ergänzung die Spuren ihres Ursprunges an sich trägt und
nur eine andere Combination oder Trennung der schon früher
in gewissen Verbindungen und Trennungen gegebenen Elemente
ist. Dabei ist natürlich wohl zu bedenken, dass diese Elemente
selbst schon Product einer Abstraction sind und nicht etwa als
das Ursprünglichste angesehen werden dürfen. Es ist das also
die Frage nach der Transcendenz. Es darf aber die Frage
nicht so gestellt werden: ob Transcendenz überhaupt möglich
ist, denn damit könnte die Transcendenz als denkbar zugegeben
erscheinen; ist sie aber als denkbar im vorhinein zugegeben,
dann ist sie auch im vorhinein schon als nachgewiesen angenommen. Es muss vielmehr zuerst die Frage gestellt werden:
ob überhaupt das Problem einer Transcendenz berechtigt ist?
Doch ehe wir an die Beantwortung dieser Frage gehen, wollen
wir einige geschichtliche Rückblicke machen.

II. Die Neuzeit, Descartes und Spinoza.

Es scheint befremdend und sonderbar, dass die Wissenschaft der Neuzeit, welche die Erfahrung zu ihrer Grundlage macht, andererseits wieder gekennzeichnet wird durch den Beginn des Studiums platonischer Philosophie. Es wird dieses begreiflicher, wenn man bedenkt, dass alles Neue anregend, alles Alte abstumpfend wirkt; es wird aber noch begreiflicher, wenn man den Charakter der aristotelischen und platonischen Philosophie erwägt. Aristoteles war ein abschliessender Geist, der nicht so sehr zu neuen Forschungen anregen, als vielmehr die gemachten in ein fertiges System zusammenschliessen wollte, ja vielleicht sich nicht scheute, das Vorhandene durch Erfahrungen zu ergänzen, die weder Andere, noch er selbst wirklich erfahren haben [1]), um nur zu schliesslicher Abrundung zu gelangen. Plato hingegen wollte nie abschliessen, er hielt das vollendete Wissen für ein wenigstens in diesem Leben unerreichbares Ideal, und erhielt und erregte dadurch einen kräftigen Wissensdurst und Forschungsgeist, der dem als fertig Gegebenen gegenüber erlöschen muss. Dann wies aber auch Plato als Schüler des Sokrates auf das Subject als Ausgangspunkt alles Wissens hin, und mehr als Alles charakterisirt der Rückgang auf das Subject die Neuzeit gegenüber dem Mittelalter und dem Alterthume: denn erhielt im Alterthume das Leben des Einzelnen erst Werth und Weihe durch den Staat, so im Mittelalter durch die Corporationen, über welchen als einigende Macht die Kirche schwebte, während erst in der Neuzeit das Individuum zur Geltung kam, aber seinen Werth und seine Würde durch sein Verhältniss zum allgemein Menschlichen, zur Humanität ertheilt bekam. Man stellt zwar in der Regel dem Subjectiven die Erfahrung gegenüber, als ob die Erfahrung nicht auch subjectiv wäre. Der Ausgangspunkt ist stets der subjective Mensch, aber innerhalb dieser Subjectivität giebt es zwei Ausgangspunkte, von welchen beiden die Neuzeit

---

[1]) Lange, G. d. Mater., p. 61, Anm. 51.

ausgegangen ist. Der eine ist der Wahrnehmungsstoff, der andere die begriffliche Bearbeitung desselben und die diese bedingenden Bewusstseinsprocesse; das Eine ist die Welt als sinnlicher Inhalt, das Andere die Bewusstseinsentwickelung desselben; das Eine ist die Natur, das Andere Geisteswissenschaft. Aber man darf nicht vergessen, dass die Scheidung in Wahrnehmungsstoff und begriffliche Bearbeitung desselben eine nachträgliche durch Abstraction ist, die vollständig gar nicht denkbar und vollführbar ist. Alles ist stets in bewusster, begrifflicher Bearbeitung befindlicher Wahrnehmungsstoff. Nun schied man Bearbeitung oder richtiger Entwickelung und Stoff, um in nicht anzufechtender Weise die Gesetze eines jeden, aber nicht mechanischen, sondern chemischen Theiles leichter für sich erkennen zu können. Dann aber vergass man auf die vollzogene Trennung und frug erstaunt, wie es denn komme, dass das Bewusstsein mit seiner begrifflichen Entwickelung so schön zur bewusstlosen Welt sich füge? Und nun fingen die vergeblichen Bemühungen an, von einem Theile zum andern zu gelangen, wobei man gar nicht merkte, dass man stets bei dem einen den andern Theil voraussetzen musste. Doch ging diese Scheidung früher niemals so weit, wie in der neuesten Zeit wo man die Ursprünglichkeit des Bewusstseins vollständig leugnen, es zu einem Producte der bewusstlosen Welt machen wollte; aus Materie, aus Atomen sollte das Bewusstsein entstehen, als ob Materie und Atome nicht des Bewusstseins bedurften, um überhaupt gedacht werden zu können. So weit gingen freilich die Vorfahren der Materialisten zu Anfang der neuen Zeit nicht. Bacon schrieb sogar allen Körpern Wahrnehmungen zu, die sich freilich von den bewussten Wahrnehmungen der Seelen unterschieden [1]: und Gassendi gestand sogar zu, dass, wenn der Geist Körper wäre, er nicht einmal ahnen könnte, dass es Geistiges gäbe: Constat profecto, intellectum non fuisse agniturum suspicaturumve, dari ullam rem incorpoream, si ipse corporeae conditionis foret [2]. Nur Hobbes

-

[1] Feuerbach, G. d. neuer. Phil., p. 79. — [2] ebd. p. XXXV, Anm. 10.

blieb am consequentesten, obschon er wieder zum guten Theil in Sensualismus stecken blieb[1]. Aber indem diese Philosophen auf halbem Wege stehen blieben, liessen sie das ursprünglich Vereinigte sich erst vereinigen und aufeinanderwirken und ihre Inconsequenz verhinderte sie, ihre Systeme zum Wohle der Nachwelt selbst ad absurdum zu führen.

Gingen die Empiriker vom Wahrnehmungsstoffe, also einem Gedachten, vom Inhalte des Denkens aus, so gingen andere Philosophen vom Denken, vom Bewusstsein oder richtiger Bewusstseinsprocess aus. Zu ihnen gehört Descartes mit seinem Grundsatze: Cogito ergo sum. Er geht vom absoluten Zweifel aus und kommt zu dem Resultate, dass sich an Etwas nicht zweifeln lasse, nämlich: dass Ich als zweifelnd, also auch als denkend bin: sum res cogitans. Dieser ganzen Schlussfolgerung ist nur Etwas entgegenzusetzen: Weder dass ich zweifele noch dass ich denke ist möglich ohne Etwas, das ich denke; das „cogito" ist für sich allein nie gegeben, sondern was gegeben ist, ist stets ein „cogitare rem" und zwar rem finitam, determinatam. Das Denken ist nur als Denken eines ganz bestimmten Inhaltes gegeben, an welchem es als chemisch mit ihm verbunden unterschieden werden kann, so dass ich gleichnissweise sagen möchte, mit jedem Atome eines Gedachten ist auch ein Atom Denken untrennbar verbunden. Die Trennung geschieht aber nur in abstracto am Inhalte. Bald bildet nämlich der Denkprocess den Vordergrund, der sich vom Inhalte als Hintergrund abhebt, bald wieder der Inhalt den Vordergrund am Hintergrunde des Denkprocesses. Aber einen Vordergrund ohne Hintergrund und umgekehrt giebt es nicht. Daher sollte der Satz des Descartes eigentlich heissen: cogito rem, ergo ego sum et res. Nun wird man zwar dagegen einwenden: daraus, dass ich Etwas denke, folge noch nicht, dass das, was ich denke, sei. Hier handelt es sich eben um das Wörtchen „sein"; dieses wird gewöhnlich ohne jede Erklärung so behandelt, als ob es nur einen einzigen Sinn haben könnte, doch legt ihm

---

[1] Lange, G. d. M., p. 248.

jeder Philosoph einen andern Sinn unter [1]). Gebraucht man
aber das Wort „sein“ ohne jede weitere Bestimmung, dann
kann man nicht behaupten, dass das gedachte Etwas, die gedachte Sache, nicht s e i, ohne auch die frühere Behauptung
aufzuheben, dass man sie doch gedacht. Jeder Inhalt besteht
so, wie ich ihn denke, als s o gedacht. Wenn ich jetzt in
meiner Phantasie ein vielköpfiges Ungethüm mir vorstelle, oder
in einer Hallucination sehe, so i s t eben dieses Ungethüm so,
wie ich es sehe, und in dem Zusammenhange mit anderen
Thatsachen, in dem ich es sehe [2]). Aber man gebraucht das
Wörtchen „Sein“ ohne Erklärung und doch mit einer reservatio
mentalis: als bestimmtes Sein. Dieses bestimmte Sein muss
aber natürlich das Gedachte insoferne nicht haben, als es ein
anderes bestimmtes Sein, als das gemeinte, haben kann. Versteht man z. B. unter „Sein“ das als nothwendigen integrirenden Bestandtheil der Wahrnehmungswelt Gedachte, dann ist
das obengenannte Ungethüm entschieden nicht bestehend.

Descartes trennt also in der ursprünglichen Einheit des
Denkens und Gedachtens die Gewissheit des Denkens von der
seines Inhaltes, indem er dabei ganz vergisst, dass die Gewissheit des Gedachten diesem ja doch nur durch sein Gedachtsein
zukommen kann, wobei natürlich auch zu erwägen ist, dass
das Denken auch wieder nur als Denken eines Inhaltes möglich ist. Nennt man also das Denken im weitesten Sinne oder
das Bewusstsein Ich, so ist dieses unmöglich ohne eine sinnliche Welt, die es denkt, der es sich bewusst ist und mit der
Gewissheit des Ich ist unzertrennbar auch schon ursprünglich
die Gewissheit der Welt verbunden: als Wahrnehmung, Vorstellung und Begriff.

Da nun aber Descartes die Gewissheit des Gedachten von
der Gewissheit des Denkens desselben getrennt hat [3]), so muss
er jene durch einen Grund ausserhalb des Denkens zu er-

---

[1]) Meine Abhandlung: „Ueber den Begriff des Seins“ in der
Vierteljahrsschr. für wiss. Phil., VI. Jahrg. p. 137. — [2]) Lange,
G. d. Mater., p. 82 f. — [3]) Medit. III Renati Desc. et B. de Spinoza
praec. op. phil. ed. Riedel I, p. 17.

langen suchen, ohne zu bemerken, dass dieser Grund doch
wieder nur durch das Denken seine Gewissheit erlangen kann.
Ein solcher Grund, der aber sowohl formaliter als eminenter
Existenz haben muss, soll Gott sein: denn er ist eine Vorstellung (idea), die eine grössere Realität beansprucht, als die
meines Ich ist: folglich kann ich nicht die Ursache dieser Idee
sein, weil die Ursache nicht kleiner sein kann als die Wirkung[1]).
Diese Folgerung ist (die Prämisse, dass Gott mehr Realität als
mir zukomme, vorausgesetzt) unwiderleglich — nur führt sie
nicht aus dem Denken heraus. Es folgt nur daraus: also muss
ich Gott als die Ursache, welche in meinem individuellen Ich
seine Vorstellung erregt denken: dies genügt ja auch für den,
welcher Sein und Gedachtsein identificirt, nicht aber für Descartes, der ein Sein ausserhalb des Denkens oder eigentlich
Gedachtseins im weitesten Sinne feststellen will.

Aber es ist noch die Frage, ob ich eine Realität zu denken
vermag, die umfassender sein soll als ich. Denn zu mir gehört doch Alles, was ich denke; eine solche Realität müsste
also, um mehr zu enthalten als ich, mehr enthalten als ich
denke; dann ist aber das, was sie mehr enthalten soll, unmöglich anders als wieder durch das Denken festzustellen, gehört also wieder zu meinem Ich. So gelange ich zu einem
unendlichen Process, eine immer grössere Realität zu denken,
die aber, insoweit sie grösser gedacht ist, auch immer wieder
mein Ich vergrössert und also nicht grösser als Ich gedacht
werden kann.

Spinoza ging noch einen Schritt weiter als Descartes. War
für Descartes das Denken überhaupt Ausgangspunkt für seine
Philosophie, so war für Spinoza das, was zu seinem Gedachtwerden keines andern Gedankens bedarf, Ausgang und End-
punkt derselben. Da nun hier Spinoza unter dem „bedarf“
das logische Bedürfniss versteht, so kann diese Definition seiner
Substanz nur einen Denkinhalt überhaupt, also das Sein im
allgemeinsten und bedeutungslosesten Sinne dieses Wortes be-

---

[1]) l. c. p. 22, 24 f.

deuten. Es ist dann auch klar, dass die res particularis, die
Modification, in der That nur eine logische Einschränkung jenes
obersten, alles umfassenden Gattungsbegriffes des Seins ist: ebenso,
dass mit der Aufhebung der res particularis jenes allgemeinste Sein
nicht berührt erscheint, jedoch mit Aufhebung dieses Seins auch
die res particularis, überhaupt alle Modi, logisch aufgehoben
sind. Es handelt sich nun darum: ist diese Substanz ein nothwendiger Gedanke, den Spinoza zum Ausgangspunkte seines
Systems macht, oder ist er der feste Punkt ausserhalb des
Denkens, der alles Sein und also auch das individuelle Denken
erst möglich macht? Ich möchte behaupten beides: mehr un-
bewusster Weise das Erste und mehr bewusster Weise das
Zweite. Wenn Spinoza sagt: „Si quis ergo diceret, se claram
et distinctam, hoc est, veram ideam substantiae habere et nihilo
minus dubitare num talis substantia existat, idem hercle esset,
ac si diceret, se veram habere ideam et nihilominus dubitare,
num falsa sit" [1]), so muss man geneigt sein zu glauben, dass
„ideam habere" und „existere" dasselbe sei. Doch kurz vorher
sagt er wieder: Verum substantiarum veritas extra intellectum
non est nisi in se ipsis, quia per se concipiuntur, und an einer
anderen Stelle klar und deutlich: Idea vera debet convenire
cum suo ideato, hoc est id quod in intellectu objective con-
tinetur, debet necessario in natura dari [2]). Es erhellt daraus
deutlich, dass für Spinoza das klar und deutlich Gedachte auch
seiend ist, doch nicht so, als ob Gedachtsein und Sein identisch
wäre, sondern so, dass aus dem wahrhaften Denken die Existenz
des Gedachten ausserhalb des Intellectes folgt. Aus dem Gedachtsein folgt also das Sein. Die Substanz muss klar und
deutlich gedacht werden, daher ist sie, existirt sie. Wie es
denn möglich sei, zu constatiren, dass dem Gedachtsein ein
Sein ausserhalb des Denkens entspreche, daran hat Spinoza nie
gedacht — ihm gilt als Axiom: Idea vera debet cum suo ideato
convenire [3]).
Eine andere Frage ist die, ob die Attribute nur als Auf-

---

[1]) Eth. pr. VIII, schol. II. — [2]) Pr. XXX deuc. — [3]) Axiom. VI.

fassungen der Substanz durch einen Intellect oder als selbständige Wesenheiten der Substanz zu gelten haben. In beiden Fällen muss sich aber Spinoza in Widersprüche verwickeln. Ist das Attribut nur eine Auffassungsweise des Intellects, dann ist nicht das Attribut des Denkens logische Bedingung des endlichen Intellects, sondern die Auffassung dieses die Bedingung der Denkbarkeit aller Denkmodi der Substanz [1]. Ist dagegen das Attribut eine Wesenheit der Substanz, dann bleibt unbegreiflich, wie der endliche Intellect zur Kenntniss der Substanz gelangen soll, da ja doch in ihm als Modus nicht die Substanz, sondern jener in dieser enthalten ist. Es bleibt also unerklärt, wie der Modus aus sich heraus zur Auffassung der Substanz gelangen soll. Ueberhaupt gewinnt das ganze System Spinoza's erst Bedeutung als Gedanke eines Intellects. Denn Modi und Substanz können um einander nicht wissen, ohne selbst ihre Eigenart und Rangordnung aufzuheben und erst ein Intellect, welches die Beziehungen zwischen Modi und Substanz denkt, bringt jene Beziehungen hinein. Aber ein solcher Intellect, welcher den Modus als Modus denkt, darf nicht selbst ein Modus sein, der doch nur wieder Modi zu seinen Gedanken haben kann. Somit könnte nur ein unendlicher Intellect consequenter Weise Spinoza's Wahrheiten erkennen.

III. Locke und Leibnitz.

In scharfem Gegensatze zu Spinoza steht Locke. Denn ist für Spinoza das allgemeinste Subject — die unendliche Substanz, der Ausgangspunkt, so ist dieser für Locke das besondere Subject, der Mensch als Individuum. Daher gleich im Anfange seines Hauptwerkes seine scharfe Polemik gegen alle angeborenen Grundsätze, deren Annahme einen über dem Individuum stehenden Ausgangspunkt zur Folge gehabt hätten. Aber auch Descartes gegenüber unterscheidet sich Locke wesentlich seinem

---

[1] Ueberweg, G. d. Phil. III, § 9. Spinoza.

Ausgangspunkte nach. Denn nicht das Denken, sondern die transcendenten Dinge ausser uns und ihre Ideen sind die Basis seines Systems[1]); und das, wozu Descartes auf Umwegen mit Hilfe des Gottesbegriffes gelangt, die Transcendenz der Körperwelt, ist für Locke eine Voraussetzung, deren Beweis oder Nachweis er gar nicht für nöthig erachtet. Ja diese Voraussetzung ist ihm der Prüfstein für eine jede wahre und reale Idee im Gegensatze zum Phantasiegebilde. Dabei erkennt er aber doch an, dass alles in der Seele Gegebene Idee und Beziehung von Ideen ist[2]), und übersieht daher, dass er unter diesen Umständen den Beweis oder Nachweis zu liefern verpflichtet ist, wie denn ein Hinauskommen zu etwas nicht Idealem, ja überhaupt nur eine Constatirung desselben möglich sei.

Für Locke beginnt das Denken mit der Affection der Seele durch äussere Dinge (external object, things without us) und besteht aus der Affection der Seele selbst (sensation) und der Selbsterfassung der Thätigkeiten der Seele, die durch die Affectionen hervorgerufen werden (reflexion). Nun ist uns aber der sinnliche Gegenstand und sein in irgend einer Art „gedacht und erfasst sein" in einer ursprünglichen untrennbaren Einheit gegeben, die erst durch eine, freilich sehr geläufige Abstraction in die zwei Theile des Denkens und des gedachten sinnlichen Gegenstandes zerfällt. Daher ist der ursprünglichere Ausgangspunkt jene Einheit und nicht ihre Theile für sich, am allerwenigsten aber jene transcendenten Dinge an sich, jene „external" oder „outward objects" oder „things without us". Es wird nun doch gewiss zugegeben werden, dass das Mittelbarere aus dem

---

[1]) Locke, Essay conc. h. underst. Lond. 1759, p. 38. If it shall be demanded then, when a man begins to have any ideas? I think the true answer is, when he first has any sensation. . . . It is about these impressions made on our senses by outward objects, that the mind seems first to employ itself in such operations as we call perception, remembering, consideration, reasoning etc. — [2]) l. c. p. 39 in all that great extents, wherein the mind wanders, . . . it stirs not one jot beyond those Ideas which sense or reflection, have offered for its contemplation.

Ursprünglicheren erklärt werden muss und nicht umgekehrt.
Nun sind uns aber nicht jene „things without us" gegeben,
sondern die „sensations", und nicht die Seele, sondern die
„reflexions", und beide in ursprünglicher Einheit. Es lag also
Locke ob, zu erklären, wie so es denn möglich sei, von jenen
ursprünglichen Bewusstseinsthatsachen zur Behauptung einer
Seele und äusserer, sie afficirender Objecte zu gelangen? Anstatt dessen aber erklärt er das ursprünglicher Gegebene, die
unmittelbar gegebenen Bewusstseinsthatsachen, im vorhinein
aus erst abzuleitenden und nachzuweisenden Annahmen: jenen
Dingen an sich. Der ganze Unterschied von Locke's „primary"
und „secondary qualities" beruht ja doch nur auf jener un-
bewiesenen Annahme; und Locke merkt gar nicht, dass, um
zu entscheiden, welche „sensations" den „external objects"
entsprechen oder nicht, nicht nur ein Glied, sondern beide
Glieder der Vergleichung gegeben sein müssten. Es ist aber
interessant, dass bei Locke gerade jene Gründe für die Objectivität der ersten Qualitäten, die alle räumliche sind, mass-
gebend waren, welche bei Kant für die Subjectivität des Raumes
und der aus ihm folgenden Qualitäten bestimmend gewirkt
haben. Bei beiden ist für ihre entgegengesetzten Ansichten
entscheidend, dass jene räumlichen Qualitäten stets nothwendig
sind bei allen sinnlichen Gegenständen. Nur folgert Locke
daraus, dass sie also untrennbar vom Körper (inseparable from
the body) [1] und daher Eigenschaften der Dinge selbst seien,
während Kant daraus folgert, dass sie also mit unserer Subjectivität nothwendig verbunden sein müssten, wenn eine sinnliche Auffassung ohne ihnen gar nicht denkbar sei. Daher sind
gerade jene „secondary qualities" für Kant realer, weil sie
Affectionen durch das Ding an sich sind.

Locke aber macht hier eine petitio principii, denn sein
Beweis ist nur dann giltig, wenn er stillschweigend den Körper,
so wie er als „sensation" gegeben ist, mit dem „external object", dem Ding an sich identificirt, dann ist aber auch der

---

[1] l. c. p. 47, § 9.

Beweis unnöthig, dass die Eigenschaften des Körpers als „sensation" auch nothwendig dem Ding an sich zukommen müssten. Findet aber diese Identificirung nicht statt, dann ist auch nur erwiesen, dass jene Eigenschaften jeder Körpervorstellung (idea of body) zukommen, nicht aber auch den Dingen an sich, und die primary qualities sind dann nicht als realere erwiesen, wie die secondary qualities.

Uebrigens kann man auch Kant von einer petitio principii nicht ganz frei sprechen, denn sein Schluss ist nur unter der Voraussetzung giltig, dass das Allgemeine, also stets Gegebene, das Subjective sei, das Besondere aber das Objective, denn nur dann folgt aus dem Raume als allgemeiner Beschaffenheit der Dinge seine Subjectivität, wobei aber nicht zu übersehen ist, dass dann dieselbe Eigenschaft für die Farbe und für die Dichtigkeit (solidity, von Locke auch wirklich zu den ersten Qualitäten gerechnet), oder eigentlich für alle allgemeinen Eigenschaften der Dinge ebenso gilt und diese somit als Modificationen unserer Subjectivität anzusehen wären. Auch ist zu beachten, dass Subjectivität und Objectivität (nicht der Erkenntniss, sondern der Seinsart nach) für Locke und für Kant nur dann einen Sinn haben kann, wenn eine Seele und sie afficirende Dinge an sich schon vorausgesetzt sind, ohne welche Voraussetzung Subjectivität und Objectivität der Seinsart nach ein gegenstandsloser Ausdruck wird.

Endlich ist, wie sehr bald entdeckt wurde, der Unterschied der ersten Eigenschaften als allgemeine und beständige, der zweiten aber als wechselnde und unbeständige ein scheinbarer (übrigens folgt aus der Unbeständigkeit einer Eigenschaft noch nicht ihre Subjectivität oder Objectivität), und dass die ersten Qualitäten eben auch nur relative Geltung haben, wie die zweiten, ist jetzt eine wissenschaftlich ausgemachte Thatsache.

Auf den einfachen und zusammengesetzten Vorstellungen hingegen beruht wieder die Lehre von der Substanz bei Locke. Denn was uns gegeben ist, ist ein Zusammen von einfachen Vorstellungen oder Qualitäten, welches Zusammen Locke „complex Ideas" nennt. Dieses Zusammen von einfachen Eigen-

schaften scheint aber nicht gedacht werden zu können ohne
einen Träger, welchem sie inhäriren, einer Substanz[1]). Diese
Substanz selbst ist aber nie gegeben, sondern nur die Eigenschaften, die ihr inhäriren sollen. Die Substanz ist also die
Annahme eines Trägers für Eigenschaften, die an und für sich
existirend nicht gedacht werden können.

In dieser Argumentation ist aber ein unberechtigter Sprung
enthalten. Denn gegeben ist uns nur ein gesetzlicher Zusammenhang dieser einfachen Eigenschaften, bestimmte Arten
der Gesetzlichkeit dieses Zusammen von Eigenschaften und eben
dieses bestimmte Zusammen nennen wir Ding. Es ist nun
gewiss natürlich und zuzugestehen, dass das Abstractum dieses
gesetzlichen Zusammenhanges für sich nicht leicht denkbar war
und daher eine Symbolisirung und Hypostasirung eines Trägers
nahe lag. Es ist aber ursprünglich keine Nöthigung im Denken
gegeben, einen solchen Träger anzunehmen, sondern nur einen
solchen bestimmten Zusammenhang. Daher ist gerade für den
gemeinen Mann, dessen Denken ursprünglicher ist, ein solcher
Träger unnöthig, weil er noch nicht .die Eigenschaften von
ihrem Zusammenhange getrennt hat, weil ihm sein Haus und
sein Garten und sein Feld noch nicht zu einem Conglomerat
von Eigenschaften geworden ist. sondern diese in ungetrennter
und unreflectirter Einheit beisammen wohnen; er würde daher
den Begriff der Substanz nicht fassen können. Erst in dem
Augenblicke, wo jene Abstraction und Scheidung zwischen Zusammenhang und Eigenschaften klar und deutlich eintritt, tritt
auch das psychologische Bedürfniss ein, jenen Zusammenhang
in abstracto zu versinnlichen, zu concretisiren, um ihn fass-
barer zu machen. Nicht also eine allgemeine Nöthigung des
Denkens, sondern sein eigenes psychologisches Bedürfniss hat
Locke zur Ursache der Annahme der Substanz gemacht.

Ausserdem ist es befremdend, dass Locke die Frage nach

---

[1]) l. c. p. 127: ... the support of those qualities ... which we
imagine cannot subsist „sine re substante“, without something to
support them, we call that support substantia.

der Substanz nicht vor allen anderen Fragen behandelt hat;
denn wenn auch Substanz und Ding an sich nicht identisch
sind, so ist doch ein solcher Zusammenhang zwischen beiden
Fragen, dass eine ohne die ·andere nicht lösbar ist. Daher ist
es unbegreiflich, dass Locke sich nicht schon ursprünglich
fragen musste, in welcher Beziehung stehen denn eigentlich
Substanz — Ding an sich und einfache Qualitäten. Denn ist
Substanz eine blosse Denkannahme, dann ist das Ding an sich
nur als Ursache der einfachen Qualitäten zu denken, und auch
die Seele braucht dann nicht ein Wesen für sich zu sein, sondern es genügt, für jede „reflexion" eine transcendente geistige
Ursache anzunehmen, ohne einen transcendenten Zusammenhang voraussetzen zu müssen. Ist aber die Substanz existirend
ausserhalb des Denkens, dann ist erst Seele und vorgestellter
Gegenstand in ihrer Ganzheit als transcendent gesetzt, denn
dann ist auch der Zusammenhang der Vorstellungen und
Eigenschaften in einem Wesen ein transcendenter und nicht
nur immanenter.

Noch zu Lebzeiten Locke's erfuhren seine Ansichten eine
gründliche Kritik und Durchsicht durch Leibnitz; und obwohl
dieser von diametral entgegengesetzten Ansichten ausging, so
wusste er doch Locke nicht nur zu würdigen, sondern er
stimmte manchmal sogar in den Resultaten mit ihm überein,
wobei freilich seine Fassung und Begründung derselben stets
eine andere war.

Schon in ihren Ausgangspunkten waren beide grund-
verschieden und doch auch ähnlich. Beide gingen von einer
Vielheit von Wesen aus, aus deren Combinationen die Welt
bestand; beide sahen in der gegebenen Welt mehr oder weniger
nur Erscheinung in einem geistigen Wesen. Aber während
der eine aus der Wechselwirkung von transcendenten Wesen
alle Erscheinung entstehen liess, war für den andern gerade
diese Wechselwirkung das Unbegreifliche und Unmögliche und
es entstand ihm daher die Welt der Erscheinung durch innere
selbständige Entwickelung der geistigen einfachen Wesen (Monaden), ohne dass eine Einwirkung von aussen her stattgefunden

hätte [1]). Die Monade war der Keim, aus dem sich die ganze
Welt der Erscheinung entwickelte, wie aus dem Samen die
Pflanze. Wäre nun Leibnitz consequent geblieben, so hätte er
eigentlich zugestehen müssen, dass, da eine Monade aus sich
selbst nicht heraus und nichts in sie hineinkommen kann, sie
sich auch niemals in der Lage sehen wird, eine zweite Monade
als ausserhalb ihrer existirend zu constatiren, wenn unter dieser
Existenz nicht bloss ein Zustand der ersten Monade verstanden
wird. Da nun Leibnitz selbst eine denkende Monade war, so
konnte er eine zweite Monade ebenfalls nur als seinen Zustand
constatiren, und es ist durchaus nicht abzusehen, wie er zur
Kenntniss der Existenz von Monaden an sich gekommen ist.
Doch damit wäre ihm die Realität (wie man sie in der Regel
fasst) der Welt abhanden gekommen, und so musste denn eine
mit der Innenwelt vollständig gleiche Aussenwelt gesetzt werden,
um der Innenwelt eine zugrundeliegende Realität zu verschaffen,
von der sie aber consequenterweise nie etwas wissen konnte.
Doch diese Uebereinstimmung konnte zufällig sein, d. h. ohne
eine Ursache, also weil sie eben so war, oder durch Etwas
hervorgebracht. Das Erstere hätte aber dem Satze vom zu-
reichenden Grunde widersprochen und hätte überdies die an
sich gewisse Existenz Gottes vernichtet, oder wenigstens unnöthig gemacht. Daher musste die in der Welt herrschende
Ordnung durch eine erste Ursache geschaffen worden sein.
Nun gelangen wir aber bei der Untersuchung der Ursachen
eines Gegebenen niemals zu einem Ende, sondern in ein nur
immer grösseres Detail von Verursachungen [2]) (was im Resultat
dasselbe ist, als ob es eine letzte Ursache nicht gäbe). Wir
sind daher genöthigt (wenn wir nicht alle Erklärung aufgeben
wollen), eine letzte Ursache anzunehmen, die aber nicht in die
Reihe jener ersten gehört, sondern ausserhalb dieser jene Ursachen in sich enthält, als ihre Quelle [3]). Oder: Zu den ewigen
Wahrheiten gehört alles Mögliche (da es wirklich sein kann
und also wahr ist), also die Welt sowohl als eine geordnete,

---

[1]) Monadologie § 22. — [2]) l. c. 36. 37. — [3]) l. c. 37. 38.

wie als ungeordnete. Nun muss aber doch ein Grund da sein,
der von diesen Möglichkeiten die eine hat wirklich werden
lassen, dieses kann aber nur ein zwischen den Möglichkeiten
entscheidender Geist gewesen sein — d. h. Gott[1]).

Dagegen muss eingewendet werden, dass wir mit der willkürlichen Setzung einer letzten Ursache weder diese selbst erreichen, noch etwas erklären können. Es ist nämlich richtig,
dass es ohne eine letzte Ursache eine absolut vollständige Erklärung, Begründung und Erkenntniss nicht giebt; nun folgt
aber aus dem Wunsche oder selbst Bedürfnisse einer solchen
Erkenntniss nicht das Vorhandensein einer letzten Ursache,
sondern aus dem Nichtvorhandensein einer solchen Ursache
die Unmöglichkeit absoluter Erkenntniss. Dass es aber eine
relative Erkenntniss auch ohne Kenntniss einer solchen trans-
mundanen Ursache giebt, hat Leibnitz selbst anerkannt[2]).

Die Möglichkeit aber kann nur an der Wirklichkeit gemessen werden; es war also nicht das Mögliche früher als das
Wirkliche, sondern, ohne sich auf eine Wirklichkeit zu beziehen, hat das Mögliche gar keinen Sinn. Man kann also
nicht sagen, da gar Vieles möglich ist, so musste doch jemand
unter dem Möglichen eine Auswahl getroffen haben, denn das
Mögliche konnte nur möglich gewesen sein in Beziehung auf
seine wenigstens in den Elementen schon dagewesene Wirklichkeit.

Es ist nach dem Vorangegangenen natürlich, dass sich
Leibnitz weder mit Locke's Auffassung der Seele, noch mit
jener der primären und secundären Eigenschaften und der
Substanz einverstanden erklären konnte. Nach seiner Ansicht
konnte die Seele durchaus nicht mit einer tabula rasa verglichen
werden, sondern besass virtualiter, wenn auch nicht actualiter,

---

[1]) Théodicée p. 562, § 189. Monadologie § 44. — [2]) Théodicée
p. 561, § 184. Cela n'empêche pas pourtant que ceux qui ne voient
pas la liaison de toutes choses entre elles et avec Dieu, ne puissent
entendre certaines sciences sans en connaître la première source
qui est en Dieu.

die ganze Ideenwelt ursprünglich in sich [1]), wie die Aderfigur im Marmarblock, noch ehe man sie entdeckt, virtualiter vorhanden ist — ein bedeutungsvolles Beispiel!

Ebenso erkannte Leibnitz sehr wohl die Unzulässigkeit einer Scheidung der einfachen Qualitäten in primäre und secundäre. Er wies nach, dass beide sich sich eigentlich gar nicht unterscheiden [2]), und dass, wenn man bei den ersten Qualitäten eine Uebereinstimmung mit den Dingen an sich und ihren Bewegungen annehmen müsse, dieses auch bei den zweiten Qualitäten der Fall sei, indem der Schmerz doch nicht den Bewegungen einer Stecknadel entspreche, sondern jene durch sie in unserem Körper verursachten Bewegungen vorstelle [3]). Wobei freilich wieder unbegreiflich bleibt, wie der Schmerz eine Vorstellung von körperlicher Bewegung sein soll; aber es soll dieses auch, wie es scheint, mehr eine Analogie zwischen beiden bedeuten [4]). Dabei bleibt Leibnitz aber trotzdem einen guten Theil in der Ansicht stecken, dass die Bewegung in den Organen selbst die Vorstellung sei, anstatt consequenter Weise die Vorstellung nur gleichzeitig und in der Bewegung entsprechender Weise selbständig in der Seele entstehen zu lassen.

Die Substanz kann am wenigsten für Leibnitz und Locke dieselbe Bedeutung haben. Denn für Leibnitz ist Substanz nur die Monade und nur als ein dieser inhärirender Zustand ist Alles denkbar, mithin kann eine Substanz, der gewisse Zustände der Monade (Accidenzen) inhärirend gedacht werden sollen, nur eine Abstraction sein; denn der Gegenstand ist ja nichts als ein solcher Zusammenhang von Eigenschaften. Hat man nun das, woraus der Gegenstand in concreto besteht, entfernt, so bleibt in der That das reine, durch nichts Bestimmtes mehr denkbare Abstractum des Substrats (Gegenstandes) übrig [5]).

---

[1]) Nouv. Ess. p. 212, § 25. — [2]) l. c. p. 232, § 21. — [3]) l. c. § 15. — [4]) l. c. p. 231, § 13. — [5]) l. c. p. 271, §§ 1. 2.

IV. Berkeley und Hume.

Drei Denker England's sind, was ihre philosophische Entwickelung anbelangt, unauflöslich mit einander verknüpft, es
sind das: Locke, Berkeley und Hume — den epochemachenden
Schlusspunkt dieser Entwickelungsreihe bildet Kant in Deutsch-
land.

Wir haben Locke schon behandelt und gesehen, wie er
die ganze Erscheinungswelt aus Einwirkungen der Dinge ausser
uns auf die Seele erklärt, wobei diese Einwirkungen oder Eindrücke entweder den Dingen gleichen — erste Qualitäten —
oder nur subjective Wirkungen derselben sind — zweite Qualitäten; dazu kommen noch die Selbstwahrnehmungen der Seele,
in welcher sie ihre durch jene Eindrücke hervorgerufenen Zustände und Thätigkeiten selbst erfasst (reflexions). Es ist dieses
eine der klarsten Eintheilungen des Stoffes, den uns die sogenannte Erscheinungswelt bietet, und sie wird, mag man auch
immerhin die Eintheilungsgründe umändern oder ausscheiden
und viele Ergänzungen und Verbesserungen für nöthig er-
achten, ihren Werth nie vollständig verlieren, weil sie zum
grössten Theil auf immanenten, in der Erscheinungswelt selbst
ursprünglich liegenden Unterschieden beruht, die aber nur zum
geringeren Theile die angegebenen Eintheilungsgründe sind. Gegen
diese scheinbaren Eintheilungsgründe richteten sich denn auch
die Angriffe der folgenden Philosophen.

Zunächst richtete Berkeley seine Angriffe gegen die
körperlichen Dinge als Ursachen unserer Ideen. Er wies nach,
dass eine solche Ursache nie vorhanden sei, weil uns nur
Ideen gegeben sind [1]); dass eine Annahme solcher Ursachen
nichts erkläre, weil es unbegreiflich bleibe, wie durch Körper
in der Seele Ideen hervorgebracht werden sollen [2]); dass selbst,
wenn solche Ursachen bestünden, wir nichts von ihnen wissen
könnten, weil mit und ohne Voraussetzung der Körperwelt die-

---

[1]) The Works of Berkeley ed. by Fraser Vol. I, 155. —
[2]) l. c. p. 165, 19.

selben Gründe für und gegen dieselbe in uns sich vorfinden
würden [1]); und endlich, dass die Behauptung einer „unbedingten
Existenz von sinnlichen Objecten an sich oder ausserhalb des
Geistes" ein Widerspruch sei [2]).

Es ist unmöglich, klarer und
deutlicher darzuthun, wie in jeder Beziehung eine Körperwelt
nicht ausserhalb des Leibes, sondern ausserhalb alles geistigen
Zusammenhanges ein Unding wird, als es Berkeley in seinen
„Principles of human knowledge" thut; dennoch scheint ihm
der kürzeste und beste Weg zu dieser Erkenntniss eine Be-
obachtung der eigenen Gedanken (attend to their own thougts),
oder, richtiger ausgedrückt, der Gedanken, insoferne sie eigene
sind, also durch Selbstbesinnung zu sein [3]). Es ist daher eine
durch Nichts gerechtfertigte Behauptung, dass sich Berkeley bei
seinem Beweise der Nichtigkeit der Körperwelt einer petitio
principii schuldig gemacht hätte [4]), weil er weder einen Beweis
liefern konnte noch wollte. Nur für denjenigen kann der Beweis einer Körperwelt oder sein Gegentheil möglich sein, der,
selbst einer petitio principii schuldig, das voraussetzt, was er
beweisen will. Nicht beweisen kann man die Nichtigkeit jeder
Transcendenz, sondern sie nur derart klar darlegen, dass dann
ein Jeder ihren Widerspruch klar in sich findet, sobald er sie zu
denken versucht. Es ist also nur eine Anleitung zur Erkenntniss dieser Wahrheit, ein Nachweis derselben möglich, weil sie
nur auf der Unmöglichkeit beruht, jenes Denken des Transcendenten, das gefordert wird, wirklich und nicht nur scheinbar zu vollziehen. Allerdings muss man immer die „Ideen"
„als die (einzigen) Gegenstände menschlicher Erkenntniss" schon
voraussetzen, aber nicht deswegen, um die Existenz der Körperwelt umstossen zu können, sondern weil eine jede andere
Voraussetzung, die nicht bloss scheinbar, sondern wirklich vollzogen werden soll, zur Erkenntniss der Unmöglichkeit ihrer
Vollziehung führen muss. Gerade wenn man die „Ideen" als
„Mittel der Erkenntniss" bezeichnet, macht man sich einer

---

[1]) l. c. p. 165, 20. — [2]) l. c. p. 167, 24. — [3]) ebendaselbst. —
[4]) Berkeley's Abhandlung über d. Princ., übersetzt von Ueberweg,
p. 110, Anm. 5.

petitio principii schuldig: denn um das zu können, ist eben die Welt der Dinge an sich (sei es Materie oder etwas Anderes) schon vorausgesetzt, während doch nicht diese, sondern die Ideen ursprünglich und unmittelbar gegeben sind; mithin, da die Welt der Dinge an sich nicht n a c h g e w i e s e n werden kann, muss sie doch wenigstens früher b e w i e s e n werden, ehe man das unmittelbar Gegebene als ein Mittel zur Erkenntniss jenes bezeichnet. Man kann erst das unmittelbarer Gegebene als ein Mittel zur Erkenntniss hinstellen, bis man die Nothwendigkeit, über dieses hinauszugehen, erwiesen hat. Diese Nothwendigkeit aber hat eben Berkeley in Frage gestellt.

Hat jedoch Berkeley auf diese Weise das transcendente Object negirt, so bleibt er in nicht zu rechtfertigender Weise beim transcendenten Subject stehen. Und doch musste er selbst zugeben, dass es eben so unwahrnehmbar und unvorstellbar war, wie das transcendente Object[1]); doch es sollte wenigstens nicht widersprechend und daher denkbar sein. Könnten wir auch keine Vorstellung (idea), so könnten wir doch wenigstens einen Begriff (notion) von der Seele haben, meinte Berkeley[2]).

Es ist aber eben widersprechend, muss man darauf antworten, zu behaupten, man habe einen Begriff von Etwas, dessen Vorstellung unmöglich ist: denn ein frei in der Luft schwebender Begriff ist undenkbar und er muss wenigstens seinen Elementen nach an der concreten Vorstellung zu finden sein, ein Begriff, dem nichts am Concreten entspricht, ist selbst Nichts — höchstens ein Laut. Doch, hätte mir Berkeley vielleicht darauf geantwortet, der Geist wird zwar nicht durch eine Idee, aber durch Reflexion auf das, was mit den Ideen vorgeht, auf die in ihnen thätige Ursache erfasst. Hier muss man fragen: ist diese Ursache gegeben? Doch gewiss nicht; was gegeben ist, sind Ideen und ein im Bewusstsein stetiges Bezogensein derselben auf einander, so dass ein stetiges, untrennbares Durchdrungensein von Inhalt und Bewusstsein desselben vorhanden ist. Nun trennt man in abstracto Beide, und die

---

[1]) Berkeley l. c. p. 169, 27. — [2]) l. c. p. 328.

Welt zerfällt in das Bewusstsein, (Subject) und den Inhalt (Object). Jetzt vergisst man darauf, dass diese Trennung nur in abstracto stattgefunden hat und fragt sich erstaunt, ja wie kommt denn das Subject, das Bewusstsein, zu seinen Objecten, seinem Inhalte. Im Bewusstsein ist natürlich kein Grund zu einem Inhalte gegeben, weil man ja allen bestimmten Inhalt eben ausgeschieden hat; findet man nun die Ursache nicht im Bewusstsein, nun wohl, so muss dieselbe ausserhalb des Bewusstseins liegen, wobei man nur darauf vergisst, dass irgend welches Object, irgend welche Ursache, die ihrer Natur nach nie zum Bewusstsein kommen darf und um die man doch wissen muss, um sie nur constatiren zu können, zu jenen Widersprüchen führt, die Berkeley hervorgehoben hat. Nun kann man aber auch umgekehrt fragen: wie kommt denn der Inhalt zu seinem Bewusstsein, was ist die Ursache des Bewusstseins? Im Inhalte kann sie ja wieder nicht liegen, weil man von seinem Bewusstsein abstrahirt hat, und so liegt sie denn auch ausserhalb des Bewusstseins als seine transcendente Ursache, transcendentes Subject, und zieht dieselben Widersprüche nach sich, wie jenes transcendente Object. Streicht man nun das Object, so bleibt jetzt noch das transcendente Subject übrig als Ursache der immanenten, bewussten Objecte, wobei man freilich nur vergisst, dass ein solches Subject, das vor allem Bewusstsein bestehen soll, nur durch's Bewusstsein constatirbar ist, mithin als vor allem Bewusstsein vorhanden, weder gedacht noch erwiesen werden kann. Wollte man aber etwa das Bewusstsein selbst zu jenem transcendenten Wesen machen, so vergisst man, dass ein Abstractum „Bewusstsein" weder Ursache eines Concretum sein kann, noch überhaupt, ausser als bestimmtes, durch seinen concreten Inhalt gekennzeichnetes Bewusstsein gegeben ist, bei dem man allerdings vom Inhalte abstrahiren kann, aber eben damit beweist, dass es ohne Inhalt nicht gegeben ist, weil man von ihm erst abstrahiren muss.

Berkeley hat nun wohl erkannt, dass ein Object, ohne bewusst zu sein, nicht möglich ist, aber er behielt dennoch die Scheidung von Bewusstsein und Object als eine ursprüngliche

bei und setzte so, wie Fraser richtig bemerkt, einen Dualismus
zwischen Geist und Idee[1]), Seele und Vorstellung. Da aber
die Ideen in dieser Trennung von dem sie ursprünglich ver-
bindenden Bewusstsein keinen andern Connex als die Zeit und
den Raum haben, so können sie auch nicht auf einander
wirken [2]), und die eigentliche Ursache ihrer verschiedenen Gestaltungen und Processe liegt im Geiste, von welchem wir also
nicht durch Ideen, von denen der Geist ja vollständig verschieden ist, sondern durch die Locke'sche Reflexion [3]) (Selbst-
wahrnehmung) erfahren, welche aber thatsächlich nichts Anderes
ist, als jene Trennung von Ideen (Vorstellung, Inhalt) und Bewusstseinsbeziehungen derselben, welche letzteren dann dem
Causalitätsbedürfnisse geopfert und zum transcendenten Subject,
zur transcendenten Ursache gemacht werden.

Aber Berkeley geht noch weiter, er findet gewisse Ideen
(Wahrnehmungen), die vom Subjecte und seinem Willen nicht
abhängig sind, und setzt als Ursache dieser Ideen einen andern
(natürlich mächtigen) Willen oder Geist, der sie im Menschen
hervorbringt [4]). Dadurch macht er alles das wieder rückgängig,
was er früher durch seine scharfsinnige Kritik errungen hat.
Denn ob ein Geist oder ein materielles Ding Ursache unserer
Wahrnehmungen sei, bleibt (für die Philosophie, nicht für den
Glauben) ziemlich gleichgültig, weil wir nur soviel von dieser
Ursache behaupten dürfen, als uns die Wahrnehmungen er-
lauben.

Dieser Schluss Berkeley's war aber unberechtigt, weil er
ebenfalls wieder nur auf einer Scheidung in abstracto beruhte.
Denn, gewisse Ideen seien unabhängig von meinem Willen,
kann nur bedeuten, sie seien unabhängig von inhaltlich bestimmten Wollungen, nicht vom Willen in abstracto, der überhaupt nicht Ursache von Ideen sein kann. Unabhängig kann
aber heissen ohne gewollt zu sein oder trotz allem Nichtwollen.
Ohne gewollt zu sein und trotz allem Nichtwollen treten

---

1) l. c. p. 156, Anm. 3, p. 159, Anm. 17. — 2) l. c. p. 168, § 25. —
3) l. c. p. 328. — 4) l. c. p. 170, 29.

aber auch Vorstellungen und nicht nur Wahrnehmungen in's Bewusstsein, es ist das also kein Kriterium der Wahrnehmung. Man kann aber auch weder daraus, dass „Ideen" gewollt sind und eintreten oder als gewollte eintreten, noch daraus, dass sie als nicht gewollte eintreten oder ohne gewollt zu sein eintreten, jemals schliessen, dass der Wille in ursächlichem Verhältnisse zu ihnen stehe. Das „gewollt" oder „nicht gewollt sein" ist eine Bewusstseinsbeziehung der Vorstellungen, nicht ihre Ursache. Eine gewollte „Idee" kann die Ursache des Eintretens einer andern sein, niemals aber das abstracte Wollen überhaupt. Nicht also der abstracte Wille, sondern das concrete Gewollte steht in ursächlichem Verhältnisse zu anderem Gewollten oder Nichtgewollten. Der Wille ist also stets den „Ideen" immanent, nicht aber ihre Ursache. Und wenn erwiesen ist, dass manche „Ideen" vom Willen abhängig sind und manche nicht, dann ist damit nur erwiesen, dass manche Ideen in solchen, andere in anderen Bewusstseinsbeziehungen stehen.

Die Inconsequenz Berkeley's, die Seelensubstanz bestehen zu lassen, während er die körperliche Substanz leugnet, hat auch Hume richtig erkannt; für ihn ist daher nur eine Reihe von Ideen und Impressionen gegeben, zu welchen die Einbildungskraft aus Gewohnheit einen substantiellen Träger hinzudichtet, der das Band ihrer Einheit bildet. Dabei scheint übersehen zu sein, dass das Band dieser Einheit, nicht der Gedanke einer geistigen Substanz, sondern das Bewusstsein mit seinen Beziehungen ist. Nicht die Gewohnheit drängt uns den geistigen Substanzbegriff auf, sondern die Trennung der Bewusstseinsbeziehungen vom Gegenstande, wodurch das Bewusstsein als ein anderer Gegenstand dem von ihm getrennten Gegenstande entgegentritt. Aber wenn auch Hume jede Transcendenz als unerweislich und unnütz zurückweist, so bleibt bei ihm doch die Trennung im Bewusstsein (sammt seinen Beziehungen) und Gegenstand als ursprüngliche, die nicht erst durch Abstraction entstanden ist, bestehen. Die Welt zerfällt ihm in Subject und Object in concreto, während dieses doch nur dann

einen Sinn hat, wenn der transcendente Geist gegenüber dem
transcendenten Dinge an sich festgehalten werden; sonst ist
nur Bewusstseinsinhalt gegeben und eine jede Trennung eine
nachträgliche. Daher kann Hume auch die Causalität der Dinge
nicht fassen, nachdem er sich die Möglichkeit dazu durch Abstraction von allen Bewusstseinsbeziehungen, in denen sie gegeben sind, versperrt hat, während die Causalität doch nur als
nothwendige Bewusstseinsbeziehung erklärt werden kann, die
aber nicht erst zu den Dingen hinzukommt oder vor ihnen da
ist, sondern ohne welche die Dinge selbst undenkbar werden.
Hat man aber die Dinge vom Bewusstsein und seinen Beziehungen vollständig isolirt, dann bleibt nur die räumliche und
zeitliche Beziehung übrig, aus der nie ein Causalitätsverhältniss
begreiflich sein kann.

V. Kant.

Auch Kant kommt über eine theils bewusste, theils un-
bewusste Transcendenz nicht hinaus. Die bewusste ist das
Ding an sich, die unbewusste die Trennung von Verstand und
Sinnlichkeit, sowie der Begriff der Affection.

Selbst beim Ding an sich aber ist die Transcendenz keine
offen ausgesprochene, sondern mehr versteckte. Kant giebt
mehr als einmal zu, dass das Ding an sich nur ein Gedanke
ist [1], dass wir selbst die Möglichkeit desselben nicht einsehen
können [2], dass der Begriff des Noumenon ein rein negativer
sei [3], und betont nur dem gegenüber, dass der Begriff eines
Dinges an sich nicht widersprechend sei, die nothwendige Begrenzung der Sinnlichkeit bilde [4], ein nothwendiger Grenzbegriff sei, um nicht unsere Erkenntniss über die durch unsere
Sinnlichkeit uns gegebenen Gegenstände hinaus auszudehnen [5].
Dazu bemerkt Hartmann ganz richtig, dass unsere Sinnlichkeit

---

[1] Kritik d. reinen Vernunft, herausg. von Kehrbach, p. 233. —
[2] p. 235. — [3] ebendaselbst. — [4] p. 236. — [5] p. 235.

noch viel besser eingeschränkt wäre, wenn es gar keine Dinge
an sich gäbe, als „durch den schönsten negativen Grenzbegriff" [1]).

Es ist um so unbegreiflicher, mit welcher Zähigkeit Kant den
Begriff des Dinges an sich festhält, als die Objectivität der Erkenntniss und des Gegenstandes ihm nur in der nothwendigen
gesetzlichen Verbindung der Erscheinungswelt, nicht aber in
ihrer Beziehung auf Dinge an sich besteht [2]). Wenn Hartmann
betont, dass diese Objectivität doch nur eine subjective sei [3]),
so spricht er gewiss nur die eigene Meinung Kant's aus und
bemerkt nicht, dass Kant unter Objectivität eines Gegenstandes
fast immer nur seine durch die Einheit der Apperception und
die Kategorien bedingte nothwendige Gesetzmässigkeit und Einheit versteht. So sagt er z. B.: Diesen (objectiven Grund der
Nothwendigkeit eines durch alle Erscheinungen sich erstrecken-
den Gesetzes) können wir aber nirgends anders, als in dem
Grundsatze von der Einheit der Apperception, in Ansehung
aller Erkenntnisse, die mir angehören sollen, antreffen [4]). Und
weiter: „Die wirkliche Erfahrung, welche aus der Apprehension,
der Association, endlich der Recognition der Erscheinungen
besteht, enthält in der letzteren und höchsten (der bloss empirischen Momente der Erfahrung) Begriffe, welche die formale
Einheit der Erfahrung, und mit ihr alle objective Gültigkeit
(Wahrheit) der empirischen Erkenntniss möglich machen" [5]).
Kant konnte also nicht, wie dieses Hartmann thun kann, seine
Transcendenz auf die Nothwendigkeit einer objectiven Erkenntniss stützen, weil er den Fehler und die petitio principii nicht
begeht, in den Begriff der objectiven Wahrheit schon im vorhinein den Begriff des Dinges an sich zu legen, um ihn dann
nachher auch nothwendig darin finden zu müssen.

Ebenso wenig konnte aber Kant die Nothwendigkeit seines
Dinges an sich auf die Wirklichkeit der Welt stützen, denn die
Wirklichkeit ist nach seiner eigenen Ansicht nichts als die

---

[1]) Hartmann, Kritische Grundlegung des transcendentalen
Realismus, p. 20. — [2]) Kr. d. r. V., p. 187. — [3]) Hartmann, l. c.
p. 9.   [4]) Kr. d. r. V., p. 132. — [5]) l. c. p. 133.

Wahrnehmung im Raume, „und es ist auch unmöglich: dass
in diesem Raume irgend Etwas ausser uns (im transcendentalen
Sinne) gegeben werden sollte, weil der Raum selbst ausser
unserer Sinnlichkeit Nichts ist" [1]. Auch gegen diese Fassung
der Wirklichkeit legt Hartmann Verwahrung ein, indem er
wieder im Vorhinein zwischen subjectiver und objectiver Wirklichkeit unterscheidet, ohne zu untersuchen, ob die Annahme
einer solchen doppelten Wirklichkeit eine gerechtfertigte ist
und mithin das vorher als bewiesen annimmt, was erst zu beweisen ist [2].

Da also bei Kant weder die Objectivität der Erkenntniss,
noch die Wirklichkeit der Welt mit dem Begriffe des Dinges
an sich nothwendig verknüpft ist, so kann die trotzdem er-
folgte Annahme von Dingen an sich nur einen theils psychologischen, theils praktischen Grund haben.

Der praktische Grund ist leicht zu finden, das Ding an
sich soll (natürlich ohne bewusste Absicht) die Hinterthür
bilden, um in der praktischen Vernunft dennoch zu einer
transcendenten Welt und dadurch zu den praktisch nothwendigen Gedanken von Gott, Freiheit und Unsterblichkeit
zu gelangen. Deswegen ist es auch Kant vor allen darum zu
thun, wenigstens die Denkbarkeit und Widerspruchslosigkeit
der Welt als Ding an sich aufrecht zu erhalten [3]), um dann
Postulate der praktischen Vernunft auf sie gründen zu können.
So sagt er: „So aber, da ich zur Moral nichts weiter brauche,
als dass Freiheit sich nur nicht selbst widerspreche, u n d s i c h
a l s o d o c h w e n i g s t e n s d e n k e n l a s s e, ohne nöthig zu
haben sie weiter einzusehen . . . . . : so behauptet die Lehre
der Sittlichkeit ihren Platz und die Naturlehre auch den ihrigen,
welches aber nicht stattgefunden hätte, wenn nicht Kritik uns
zuvor von unserer unvermeidlichen Unwissenheit in Ansehung
der Dinge an sich selbst belehrt und alles, was wir t h e o r e -
t i s c h erkennen können, auf blosse Erscheinung eingeschränkt

---

[1]) l. c. p. 317. — [2]) Hartmann, l. c. p. 5. — [3]) Kr. d. r. V.,
Einl. p. 36.

hätte" [1]). Kant glaubt also durch seine Kritik der reinen Vernunft der Sittenlehre den Weg nicht nur geebnet, sondern sie überhaupt erst möglich gemacht zu haben, indem er die Forderungen der praktischen Vernunft als nicht widersprechend und daher als möglich nachgewiesen hat, während die früheren Ansprüche derselben falsch, weil sie zu gross waren und die Moral daher ganz in Frage stellten [2]).

Er glaubt ausserdem auch noch der Moral und Religion einen bedeutenden negativen Dienst erwiesen zu haben, indem durch seine Kritik den der Religion schädlichen Ansichten „die Wurzeln abgeschnitten werden" [3]). Der negative Dienst ist unzweifelhaft, der positive scheint denn doch problematisch zu sein; denn es ist die Widerspruchslosigkeit und Denkbarkeit der Welt an sich erst zu erweisen. Nicht als ob Kant nicht eingesehen hätte, dass das „Ding an sich" „ein unbestimmter Gedanke von etwas überhaupt" [4]) sei, dass also das Ding an sich ausserhalb des Denkens gar nicht erreichbar ist, aber er glaubte doch, dass die Annahme eines solchen transcendenten Begriffes nicht nur möglich, sondern nothwendig sei, und er schwankte zwischen der Auffassung des Dinges an sich als nothwendigen Gedanken oder Grenzbegriff im Denken und des Denkens [5]). Er kann sich von dem Gedanken nicht los machen, dass es Wesen geben könnte, die durch andere Anschauung oder ohne Anschauung Gegenstände denken könnten, einen Verstand hätten, der nicht „discursiv" sondern „intuitiv" wäre [6]). Aber das Ding an sich, als nothwendiger Gedanke innerhalb des Denkens, ist ebenso widersprechend, wie als Begrenzung des Denkens. Das Ding an sich ist ein lebendiger Widerspruch

---

[1]) Kr. d. r. V., p. 25; vergl. p. 235: Der Begriff einer Noumenon . . . . . ist gar nicht widersprechend. . . . . . Ferner ist dieser Begriff nothwendig . . . . . — [2]) Dieses ist doch wohl der Sinn der Erörterungen in der Vorrede der zweiten Ausgabe p. 25 und p. 26: „Ich musste also das Wissen aufheben, um zum Glauben Platz zu bekommen" . . . — [3]) ebendaselbst p. 25. — [4]) Kr. d. r. V., p. 234. — [5]) p. 223, p. 227, Anm., p. 232, 233, 235, 236, 363, 405, 656 und a. a. O. — [6]) p. 656, 233, 235, 236 und a. a. O.

als ein Gedanke von etwas, das seine Existenz und Denk-
berechtigung nur daher nehmen kann, dass es seinem Wesen
nach gar nicht Gedanke sein darf. Es wäre also ein
denknothwendiger Widerspruch. Will man aber einen solchen
gelten lassen, dann hat ein Widerspruch vor dem andern keinen
Vorzug und man kann alle Widersprüche für denknothwendig
erklären. Will man ihn aber auflösen, so muss man ihn innerhalb des Denkens lösen, will man nicht einen Widerspruch
durch den andern heilen.

Soll aber das Ding an sich Grenze des Denkens sein, dann
setzt eben diese etwas ausserhalb der Grenze; ist dieses „etwas
ausserhalb" gedacht, dann ist es nicht begrenzend, ist es aber
begrenzend, dann darf es gar nicht denkbar sein, das heisst:
das Denken kann sich nicht selbst begrenzen, es erstreckt sich
daher (nicht unendlich) unbestimmt weit.

Somit kann auch Kant der Religion keinen positiven
Dienst mit der Welt an sich erweisen, denn sie wird durch
dieselbe entweder zur nothwendigen Illusion [1]) oder zum nothwendigen Widerspruch. Nur dann, wenn das Denken im
weitesten Sinne alles Sein in sich fasst, sind die Postulate der
praktischen Vernunft, wenn sie denknothwendig sind, soweit sie
dieses sind, auch gültig und seiend.

Wir kommen nun zu jenen Gründen des Dinges an sich
bei Kant, die in seinen psychologischen Anschauungen liegen.
Jeder Mensch denkt in Beziehungen und daher in Abstractionen,
ein abstractions- also beziehungs- und begriffsloses Wahrnehmen oder Vorstellen gehört in's Land der Fabeln. Nach
Aussonderung aller begrifflichen Unterschiede bleibt ein „Etwas"
übrig, das entweder undenkbar also Nichts, oder jener vollständig bestimmungslose Begriff ist, dem alles entspricht, der
an allem zu denken möglich ist, weil er der oberste Gattungsbegriff des Sein's ist. Die geläufigste Abstraction ist aber jene
der Dinge, der Gegenstände im wahrgenommenen Raume und
ihren Beziehungen im Bewusstsein, dem Denken im engeren

---

[1]) Kr. d. r. V., p. 263.

Sinne. Wie bei allen Abstractionen ist dabei das, von dem abstrahirt ist, mitgesetzt, und nur logisch (nicht psychologisch) unbeachtet. Der Gegenstand wird psychologisch zweimal gesetzt, einmal mit logischer Betonung seines Gesetztseins im Raum ausserhalb des Denkens, als concretes Ganzes, als Zusammen von sinnlichen Qualitäten (ohne ihn deswegen psychologisch, ohne Bewusstseinsbeziehungen und begriffliche Bestimmtheit denken zu können), das anderemal mit logischer Betonung seiner begrifflichen Bestimmtheit, Unterschiedenheit, seinen Bewusstseinsbeziehungen (ohne ihn psychologisch in solcher Trennung ohne ein Zusammen von sinnlichen Qualitäten denken zu können). Er ist daher logisch doppelt, psychologisch einfach.

Diese Abstraction hat nun Kant in der schärfsten Weise vollzogen. So sehr ihm Alles nur Erscheinung ist, ist er sich doch nirgends jener Abstraction als Abstraction innerhalb der Erfahrung bewusst. Ihm zerfällt selbstverständlich die Welt der Erfahrung in einen subjectiven Theil der Spontaneïtät und einen objectiven der Receptivität oder in Verstand und Sinnlichkeit. Damit hat er aber schon die Nothwendigkeit des Dinges an sich vorweggenommen. Denn Receptivität und Spontaneïtät, Sinnlichkeit und Verstand können von Kant nur in versteckt transcendenter Weise aufgefasst sein, sollen sie anders in seinem System Platz finden. Er giebt sie nicht als Abstractionen sondern als selbständige Theile der Erfahrungswelt, als gäbe es einen Verstand vor der Sinnlichkeit (wenn auch auf sie allein anwendbar) und eine Sinnlichkeit (Anschauung) ohne Verstand, wenn auch durch ihn allein erfassbar. Gleich in der Einleitung zur Kr. d. r. V. sagt Kant: „Erfahrung ist ohne Zweifel das erste Product, welches unser Verstand hervorbringt, indem er den rohen Stoff sinnlicher Empfindungen bearbeitet"[1]). Es ist uns aber niemals der Stoff oder das

----

[1]) p. 35: Auch Lotze stellt die Beziehung als subjectiv den Dingen gegenüber, während die Dinge doch auch im Subjecte, also subjectiv, gegeben sind und diese Scheidung eine nachträgliche ist. In manchen Momenten ist auch wirklich Beziehung und Ding in vollendeter Einheit gegeben, man sagt dann: „er war im Anschauen

Instrument seiner Bearbeitung für sich allein gegeben, sondern
stets ein bearbeiteter Stoff aus welchem erst das Instrument
sowohl als der Stoff als Abstractionen hervorgehen und daher
in concreto für sich allein gar nicht denkbar sind. Deswegen
erstreckt sich für Kant auch der Verstand „problematisch
weiter" als die Sinnlichkeit [1]) und sind für ihn „Erscheinungen
in der Anschauung" „ohne Function des Verstandes" möglich [2]).
Kant scheidet also die Welt der Erfahrung in zwei ursprünglich selbständige Theile, Verstand und Sinnlichkeit, die verbunden
erscheinen durch die Formen der Anschauung: Zeit und
Raum; und wenn auch Begriffe ohne Anschauungen leer, Anschauungen ohne Begriffe blind sind, so sind doch beide ohne
einander möglich: es giebt reines Denken und reine Anschauung und Erscheinungen ohne Denken in der Anschauung [3]).
Es ist natürlich, dass bei einer so scharfen Trennung von
Verstand und Sinnlichkeit ein Bedürfniss der Vermittlung sich
geltend macht, diesem Bedürfniss soll die Einbildungskraft
genügen, die daher den dunkelsten Punkt im Kant'schen System
ausmacht, weil sie dasjenige erst vermitteln soll, was schon
in ursprünglicher Einheit stets vorhanden ist. Sie fällt daher
bald mit der Reproduction, bald mit der Subsumtion zusammen,
ohne ihre selbständige Berechtigung genügend documentiren zu
können [4]).

Diese dargelegte Trennung von Verstand und Sinnlichkeit
nun ist ein wichtiger, wenn auch versteckter Grund für die
Kant'sche Annahme eines Dinges an sich. Denn wird Verstand
als ein selbständiger für sich allein denkbarer und gegebener

---

verloren". Logik, p. 544. Am krassesten vollführt diese Trennung
Schopenhauer: ihm entsteht Erfahrung, indem der Verstand (die
Function ... „des drei bis fünf Pfund wiegenden Gehirns") das „Gesetz der Causalität" auf die „subjective Empfindung" „in Anwendung
bringt" und diese „subjective Empfindung" ist „ein Vorgang im
Organismus", „auf das Gebiet unterhalb der Haut beschränkt"!
Haut und Organismus sind vor aller Empfindung und Erfahrung??
   [1]) Kr. d. r. V., p. 235. — [2]) p. 107. — [3]) p. 49, 76, 77, 108,
135 und a. a. O. — [4]) p. 126 ff., 672 ff.

Bestandtheil der Erfahrung, gegenüber einer eben so selbständigen Sinnlichkeit, aufgefasst, so wird und muss sich stets das Problem einstellen, wie denn eine Vermittlung dieser beiden Factoren möglich sei. Da man nun aber bei dem einen stets von dem andern vollständig abstrahirt, so ist eine Vermittlung innerhalb dieser beiden · Factoren unmöglich, und man ist genöthigt, diese Vermittlung ausserhalb zu suchen, d. h. transcendent zu werden und doppelt beide Factoren als Dinge an sich in ein unbekanntes Gebiet zu verweisen, wo sie nun unbekannter Weise das vollbringen, was bekannter Weise nicht denkbar ist: eine erst zu erfolgende Vermittlung zwischen Geist und Körper, Denkbeziehung und Gegenstand — nicht denkbar, weil sie stets schon vorausgesetzt ist.

Auch Kant gerieth in dieses Dilemma hinein, entweder Verstand und Sinnlichkeit unvermittelt zu lassen, oder transcendent zu vermitteln, und kam dadurch zum Begriff der Affection unserer Sinnlichkeit und zur ursprünglichen (a priori) Anlage unseres Geistes nur categoriell zu denken, ohne freilich damit erklärt zu haben, wie es denn komme, dass Sinnlichkeit oder empirische Anschauung und reiner Begriff so gut zu einander passen: denn die Einbildungskraft stand nicht über beiden, sie einander anpassend, sondern nur zusammenfügend, was schon ursprünglich für einander geeignet sein musste. Der Begriff der Affection war aber ein hinfälliger, denn die vorgestellten Gegenstände konnten doch weder die Sinnlichkeit als Abstractum noch als Concretum noch endlich als Transcendenz afficiren, denn die Sinnlichkeit ist als Concretum und Abstractum nichts ausserhalb der vorgestellten sinnlichen Gegenstände sondern diese selbst, als transcendent aber, ist ihre Affection, Voraussetzung der Gegenstände. Sollen aber die afficirenden Gegenstände Dinge an sich sein, welche die Sinnlichkeit an sich afficiren, dann ist die Categorie der Erfahrung über die Erfahrung hinaus angewendet, was auch schon im vorigen Fall stattfinden müsste. Dennoch erklärt Kant: „Dass alle unsere Erkenntniss mit der Erfahrung anfange, daran ist gar kein Zweifel; denn wodurch sollte das Erkenntnissvermögen

sonst zur Ausübung erweckt werden, geschähe es nicht durch
Gegenstände, die unsere Sinne rühren und theils
von selbst Vorstellungen bewirken, theils unsere Verstandes-
thätigkeit in Bewegung bringen, diese zu vergleichen, sie zu
verknüpfen oder zu trennen, und so den rohen Stoff sinnlicher
Eindrücke zu einer Erkenntniss der Gegenstände zu verarbeiten,
die Erfahrung heisst? Der Zeit nach geht also keine Kenntniss in uns vor der Erfahrung vorher, und mit dieser fängt
alle an" [1]).

Wenn aber der Zeit nach „keine Kenntniss in uns vor
der Erfahrung" vorhergeht, so kann dieses „Erwecktwerden
des Erkenntnissvermögens" nur ausserhalb aller Zeit, d. h.
ausserhalb der Erscheinungswelt, also in der Welt der Dinge
an sich vorgehen. Es ist hier also das vorausgesetzt, was erst
erwiesen werden sollte: die Möglichkeit von Dingen an sich
und ihrer Wirksamkeit. Sollte aber die Affection selbst nur
Erscheinung, nur Vorstellung bedeuten, dann hätte Kant den
Begriff der Affection unter jenen Ideen anführen müssen, die
zu den denknothwendigen Illusionen gehören. Er hat dieses
zwar auch indirekter Weise gethan in seinem „vierten Para-
logism der Idealität" [2]), hat aber darin nicht die Möglichkeit
des Schlusses auf Dinge an sich, sondern nur die Sicherheit
desselben in Zweifel gezogen; wäre also die Affection ein denknothwendiger Begriff, eine denknothwendige Vorstellung, dann
wäre sie nicht nur möglich, sondern auch nothwendig und
mithin wirklich. Dass aber die Affection ein reiner Schein
sei, der nicht einmal Denknothwendigkeit besitze, ist nach

---

[1]) Kr. d. r. V., p. 647; vergl. p. 657, Suppl. III, p. 403, p. 48,
76, 231 und a. a. O. Vaihinger, Comment. zur Kr. d. r. V.,
p. 172 ff. Rehmke, Die Welt als Wahrnehmung und Begriff,
p. 28 ff. Leclair, Eine monistische Erkenntnisstheorie, Zeitschrift
für Realschulwesen, VII. Jahrg., III. Heft, p. 143 f. (Die obige Stelle
ist zwar in der ersten Auflage der Kr. d. r. V. noch nicht enthalten,
dagegen die folgenden von p. 403 von gleichem Sinne mit der
ersten.) — [2]) p. 311, 312: Nun ist aber der Schluss von einer gegebenen Wirkung auf eine bestimmte Ursache jederzeit unsicher.

Kant's Ausprüchen nicht anzunehmen, dass es aber eine denknothwendige und mögliche Vorstellung und dennoch Schein
wäre, ist widersprechend.

Man kann recht gut vor der Grösse eines Mannes sich
willig beugen, ohne deswegen sich seinen Fehlern verschliessen
zu wollen: besonders da es unmöglich ist, dass ein epoche-
machender Geist nicht noch die Eierschalen einer früheren
Existenz, durch die er sich hindurcharbeiten musste, an sich
trage. Es ist daher mit obiger Kritik gewiss keine Beinträch-
tigung der Grösse Kant's beabsichtigt, es soll vielmehr willig
erkannt werden, dass Kant der erste war, der im Principe die
vollständigste immanente philosophische Welterklärung und
Erkenntnisstheorie angebahnt hat, und dass wir auf seinen
Schultern stehend uns selbst verspotten würden, wollten wir
verächtlich auf ihn herabblicken.

B.

Die Transcendenz des Objects und Subjects[1].

Nachdem wir einige historische Rückblicke auf die Entwickelung der Transcendenz gethan haben, erübrigt noch eine
systematischere Darlegung der Unmöglichkeit einer jeden Transcendenz und der Bedeutung der Immanenz in der Philosophie.
Wir wollen zuerst (nach einigen allgemeinen Erörterungen) das
transcendente Object und sodann das transcendente Subject betrachten. Und zwar unter dem transcendenten Object: die
Transcendenz des unbestimmten Etwas, des doppelten Gegenstandes, der Substanz und des Atoms; unter dem transcendenten Subject die des eigenen und fremden Ich.

I. Das transcendente Object.

1. Die Transcendenz im Allgemeinen. Das transcendente Sein ist jenes, das seinem ganzen Wesen nach Bewusstseinsdatum nicht sein kann und darf. Das wäre wohl die
allgemeinste Fassung des Transcendenten, und in dieser all-

---

[1] Ich glaube mich in dieser Frage mit folgenden Philosophen
in Uebereinstimmung zu finden: theilweise mit dem älteren Fichte,
dann mit Schuppe und Leclair in ihren grundlegenden Arbeiten:
des Ersteren „Erkenntnisstheoretische Logik", des Letzteren „Der
Realismus der modernen Naturwissenschaft"; dann mit Avenarius:
„Philosophie als Denken der Welt gemäss dem Princip des kleinsten
Kraftmasses" und theilweise mit Rehmke: „Die Welt als Wahrnehmung und Begriff", sowie F. A. Lange und H. Vaihinger.

gemeinsten Fassung liegt schon ein Widerspruch. Es ist der
Widerspruch des bewussten Niebewussten, des gewussten Un-
wissbaren. Das Transcendente darf nicht Bewusstseinsinhalt
sein, aber man muss doch etwas davon wissen und daher ist
und muss es doch Bewusstseinsinhalt sein. Aber indem es
Bewusstseinsinhalt ist, hat es eben den Charakter verloren, der
es allein transcendent machen kann. Es nützt auch nichts,
diesen Bewusstseinsinhalt noch einmal zu setzen, weil es wieder
nur im Bewusstsein setzbar ist, und man wohl dadurch zu
einem regressus in indefinitum, nie aber zu einer Transcendenz
gelangen kann. Man kann wohl von allen Bewusstseinsbeziehungen abstrahiren und nur den Inhalt beachten, aber
damit hat man nicht das Bewusstsein über Bord geworfen,
sondern im Gegentheil den neuen Bewusstseinsprocess einer
Abstraction vollzogen und eben dadurch, dass man erst abstrahiren musste, bewiesen, dass Inhalt und Bewusstsein in un-
trennbarer Einheit gegeben sind.

Aber man wird mir vielleicht einwenden, man wolle nicht
das Transcendente denken oder vorstellen, das Wissen davon
soll nur ein rein negatives Wissen sein. Dann wäre die Transcendenz gleichbedeutend mit der reinen Negation. Dann aber
haben wir einen nicht zu endenden Process vor uns, einen
Process, der niemals zu einem Producte führen kann, ohne
dieses Product als bewusstseinsimmanent zu setzen. Denn das
reine Nichts kann weder gedacht, noch gewusst werden, es ist
nur die Zurückweisung jedes Bewusstseinsinhaltes, ohne jemals
wirklich zu einer vollständigen Leere des Bewusstseins kommen
zu können. Die reine Negation setzt weder dieses, noch jenes,
noch jenes etc. bis in's Nichtzubeendende fort. Will man nun
das Transcendente als einen nicht zu beendenden Process auffassen, jedes bestimmte und daher relativ Gewusste stets fort
als solches zu negiren, ohne jemals zu einem absoluten Nicht-
gewussten kommen zu können, so kann diese Art Transcendenz nicht angefochten werden, aber ein jedes noch so
unbestimmt gesetzte Glied dieses Processes kann nur ein Abbrechen desselben bei einem endlichen Bewussten (d. h. be-

stimmten Bewusstseinsinhalte) bedeuten, das man irriger Weise zu einem positiv Unendlichen, Bewusstseinslosen macht.

Noch könnte vielleicht eingewendet werden, wenn man das Transcendente leugne, dann müsse man sein Nichtsein beweisen. Wie soll man aber beweisen, dass Etwas nicht sei? Ist dieses Etwas gegeben, dann ist es der grösste Widerspruch, verlangen zu wollen, man solle beweisen, dass es nicht sei. Ist es aber nicht gegeben, dann kann man nicht verlangen, dass bewiesen werde, dass es nicht sei, dann ist vielmehr der Beweis, dass die Annahme des ursprünglich nicht Gegebenen möglich und nothwendig sei, zu erbringen. Wer nun glaubt, das Transcendente wirklich denken und erfassen zu können, bei dem kann nur eine Anleitung zur Selbstbesinnung fruchten, ob er denn die Transcendenz auch wirklich und nicht bloss scheinbar gedacht. Hilft diese Anleitung nichts, dann würde auch ein Beweis (wenn er möglich wäre) nichts helfen, denn es wäre dann gerade so, als ob man Jemandem, der einen Apfel in der Hand hält und ihn betrachtet, beweisen wollte, er halte nicht nur keinen wirklichen Apfel in der Hand, sondern er fühle und sehe auch keinen. Aber die Transcendenz ist nicht unmittelbar gegeben, und dieses muss zugestanden werden, ehe überhaupt ein Streit darüber möglich ist. Sie muss erst erschlossen, bewiesen werden, und gegen diese Schlüsse und Beweise allein können sich unsere Angriffe richten.

2. Die Transcendenz des unbestimmten Etwas. Hat sich die Transcendenz im Allgemeinen als widerspruchsvoll bewiesen, so müssen auch ihre besondern Arten undenkbar und unmöglich sein. Eine solche Art ist das unbestimmte Etwas als transcendente Ursache des stets gegebenen bestimmten Etwas. Wir sehen hier von dem oben behandelten Widerspruche jeder Transcendenz ab, dass dieses noch so unbestimmt gedachte „Etwas" doch eben gedacht bleibt und also Bewusstseinsdatum ist, und wollen hier nur seine bestimmtere Gestaltung in's Auge fassen.

Von einem „Etwas" zu reden, hat nur einen Sinn, insofern

es einen möglichen, bestimmten, bewussten Inhalt bedeutet, der
zur Zeit zwar noch nicht bestimmt und bewusst ist, aber doch
in seiner Möglichkeit bestimmt zu werden gedacht wird. Streicht
man aber diese Möglichkeit seiner bewussten Bestimmtheit, dann
bleibt nicht noch Etwas übrig, sondern Nichts, der nicht zu
beendende Process der Negation von Allem. Denn nur dadurch unterscheidet sich das „Etwas" vom „Nichts", dass
ersteres als mögliche Bestimmtheit, letzteres als unmögliche
Bestimmtheit gedacht wird; das Erstere ist also Unbestimmtheit,
das Letztere Bestimmungslosigkeit. Nun ist aber ein transcendentes „Etwas" doch nur transcendent, insoferne es nie
eine bewusste (oder gewusste) Bestimmtheit haben kann; es ist
also nicht etwas noch nicht Bestimmtes, sondern ein seinem
Wesen nach Bestimmungsloses, Unbestimmbares, identisch mit
dem reinen Nichts, dem nie zu beendenden Negationsprocesse
von Allem. Ein Etwas, in dessen Wesen es liegt, vollständig
bestimmungslos zu sein, ist ein Widerspruch: es ist ein „Etwas",
das niemals einen Inhalt haben kann, aber nur der mögliche
bestimmte Inhalt ist ein „Etwas", also ist es ein „Etwas", das
niemals etwas sein kann.

Wenn man nun diesem „Etwas" Causalität zuschreibt, so
kann man die Berechtigung dazu nur haben auf einem Standpunkte ausserhalb der Bewusstseinswelt; nur wenn Jemandem
die ganze Bewusstseinswelt für sich gegenüberstände, wäre die
Nöthigung vorhanden, für sie eine Ursache anzunehmen. Aber
abgesehen davon, dass dieses „Ursache annehmen" selbst nur
Bewusstseinsinhalt sein kann, ist uns nie die ganze Bewusstseinswelt abgeschlossen gegeben, sondern stets Theile der Entwickelung derselben, die ihren hinlänglichen Grund in vorher-
gegangenen Entwickelungstheilen finden. Und weder in der
Vergangenheit noch in der Zukunft ist ein Ende jener bewussten Entwickelung denkbar, und mithin kein Grund vorhanden, zu einer Ursache ausserhalb des Bewusstseins seine
Zuflucht zu nehmen. Nur indem man eine Grenze der Bewusstseinswelt annimmt, die eben so undenkbar ist wie eine
absolute Grenze des Raumes, wird scheinbar die Annahme

einer Ursache ausser dieser Bewusstseinswelt möglich, wobei
man aber nicht merkt, dass diese abgegrenzte Bewusstseinswelt
sammt ihrer Ursache doch wieder nur in einem Bewusstsein
begrenzt sein könne.

3. Transcendenz des doppelten Gegenstandes.

Der Fehler aller Transcendenz liegt, wie so oft, schon im
Problem. Man prüft nämlich nicht, ob der Begriff der
Transcendenz nicht an und für sich schon ein Widerspruch
ist, sondern man lässt diesen Begriff im Vorhinein zu und
prüft nur, wie weit und ob er erkennbar ist. Damit hat man
aber das, was man beweisen soll, schon vorausgesetzt: denn
nicht um die Erkennbarkeit, um die Denkbarkeit des Transcendenten handelt es sich. Ist man aber mit einem Fusse in der
Transcendenz, dann ist kein Grund vorhanden, warum man
nicht den zweiten Fuss nachziehen soll; jedenfalls ist es
consequenter, den Widerspruch ganz als halb zu begehen.
Auf diese Art gelangt man zur Transcendenz des doppelten
Gegenstandes. Man stellt nämlich dem im Bewusstsein befindlichen Gegenstande einen gleichen oder ähnlichen gegenüber,
bei welchem man vom Bewusstsein vollständig abstrahirt. Diese
Abstraction vom Bewusst-sein des Gegenstandes ist eine so
geläufige, dass man den Process der Trennung gar nicht mehr
bemerkt und den nur im Bewusstsein befindlichen und denk-
baren Gegenstand als auch ohne Bewusstsein vorhanden annimmt. Besinnt man sich aber, dass dieser Gegenstand ausser
dem Bewusstsein eigentlich nur auf Abstraction beruht, dann
bleibt doch immer noch seine constante und gesetzliche, vom
Bewusstsein scheinbar unabhängige Wiederkehr übrig, man
substituirt daher dem im Bewusstsein befindlichen Gegenstande
einen ausser dem Bewusstsein befindlichen, der zwar dem
Gegenstande im Bewusstsein nicht gleich oder ähnlich zu sein
braucht, aber doch wenigstens zum denkenden und wahr-
nehmenden Subject an sich sowohl als auch zu den anderen
Gegenständen oder Dingen an sich stets gleiche Beziehungen
einhält, und glaubt damit die Gesetzlichkeit und Stetigkeit seiner
Wiederkehr und seiner Veränderungen erklärt zu haben.

Freilich bemerkt man dabei nicht, dass man nun, anstatt
des Gegenstandes, die Beziehungen nur im Bewusstsein doppelt
gesetzt und an die Stelle des früheren transcendenten Gegenstandes eingesetzt hat, der im Bewusstsein durch die bekannten
Gegenstände substituirt wird. Diese Beziehungen an sich erklären aber die dem Bewusstsein immanenten Beziehungen in
keiner Weise. Sie sind weder Erkenntniss- noch Realgründe
derselben. Sie sind nicht Erkenntnissgründe, denn diese
müssten doch einfacher und daher allgemeiner als das zu
Erklärende sein, nicht aber blosse Doppelgänger desselben. Sie
sind aber auch nicht als Realgründe der immanenten Beziehungen denkbar, weil die Wirkung von ihrer Ursache gar
nicht verschieden wäre. Die immanenten Beziehungen sollen
Wirkungen der transcendenten sein; es hat aber gar keine
Veränderung stattgefunden, sondern es wurde die Wirkung noch
einmal als Ursache, oder wenn man will, die Ursache noch
einmal unverändert als Wirkung gesetzt.

Das Bewirkte und Bewirkende sind vollständig identisch
und sind nur in einer nicht zu begreifenden und zu be-
gründenden Doppelheit gesetzt. Man wird freilich sagen, man
lasse nicht die Beziehungen, sondern die unbekannten Dinge
an sich wirken; aber diese Dinge wirken doch nur vermöge
ihrer transcendenten Beziehungen und es ist unbegreiflich, wie
das, vermöge dessen sie wirken, gleich, völlig identisch mit dem
sein soll, was sie bewirken.

Noch unbegreiflicher ist es aber, wie man zur Kenntniss
dieser transcendenten Beziehungen der Dinge an sich gelangen
will. Man fragt nicht einmal, ist die vom Bewusst-sein oder
Gewusst-werden unabhängige Beziehung nicht eine Täuschung,
ein Widerspruch, sondern im vorhinein von ihrem Dasein über-
zeugt, sucht man einen Beweis für sie oder nimmt sie als
nothwendige Ueberzeugung beweislos an. Aber den Grund für
das Dasein dieser transcendenten Beziehung kann man doch
nur innerhalb der Bewusstseinsdata suchen, will man nicht mit
einer Transcendenz die andere beweisen. Man ist also genöthigt,
durch einen Schluss die Transcendenz zu erreichen. Ein

Bewusstseinsdatum aber führt nie über Bewusstseinsdata hinaus.
Denn jeder Schluss von einem Bewusstseinsdatum ist selbst
wieder ein Bewusstseinsdatum; oder ist es möglich, dass ein
Schluss zu etwas führe, das überhaupt gar nicht gewusst ist,
dass Schlussglied eines Syllogismus ein Nichtgewusstes, ja Un-
wissbares ist? Das Erschlossene · muss denkgemäss sein, ist
es das nicht, dann ist es falsch, aber nicht transcendent.
Ausserdem ist die Trennung von Dingen und ihren Beziehungen ganz unhaltbar. Man glaubt, ein und dieselben Beziehungen setzen zu können bei verschiedenen Dingen, bei
verschiedenen Beziehungsgliedern. Dabei vergisst man, dass
diese Dinge, insoferne sie gleiche Beziehungen zu einander
haben, auch gleich sein müssen, sonst können sie freilich verschieden sein, d. h. verschiedene Beziehungen zu einander
haben. Aber zwei Paare von Dingen, die sich in jeder Beziehung bis auf das Genaueste gleichen, d. h. deren Beziehungen
zu einander sämmtlich dieselben sind, dennoch als verschiedene
Dinge zu setzen, heisst doch genau dasselbe für verschieden
erklären. Wo ist die Grenze zwischen Beziehung und Ding?
Alles ist in Beziehungen auflösbar, und wie der Naturwissenschaftler endlich zu blossen Kraftcentren gelangt, so der
Philosoph zu blossen Beziehungspunkten. Nachdem man das
Ding soweit als möglich (und dieser Process geht in's Unendliche) in Beziehungen aufgelöst hat, setzt man es in die
Transcendenz, und nun soll mit einem Schlage das aus ganz
denselben Beziehungen Bestehende toto genere verschieden sein
und das toto genere Verschiedene genau dieselben Beziehungen
haben!

Wenn ich alle Beziehungen hinweg denke, dann sollen
noch die bezogenen Dinge bleiben, und wenn ich die Dinge
hinweg denke, dann bleiben noch die Beziehungen übrig; was
ich nur den transcendenten Beziehungen substituire, bleibt
freilich gleichgültig, denn das Substituirte muss jedenfalls dem
fortgedachten Dinge auf ein Haar gleichen, wenn es auch
anders genannt wird. Ebenso gleichgültig bliebe es, den
transcendenten Dingen andere, als dem Denken immanente

Beziehungen zuschreiben zu wollen, denn wie man diese
Beziehungen auch immer nennen mag, so weit sie erfasst sind,
werden sie auch gedacht und denkgemäss sein. Um mich kurz
zu fassen: Das in denselben Beziehungen gedachte ist auch als
dasselbe Ding gedacht und dasselbe Ding muss in gleichen
Beziehungen gedacht werden.

Doch welches sind die näheren Gründe für die Annahme
solcher transcendenten Beziehungen oder Dinge, oder auch für
den vollständig doppelten transcendenten Gegenstand des Dinges
und seiner Beziehungen? Es ist das vor Allen die sogenannte
Unabhängkeit des Gegenstandes von mir. Aber dieser Ausdruck ist zweideutig: er kann bedeuten, der Gegenstand ist
unabhängig von meinem Willen oder von meinem Ich; man
meint wohl in der Regel beides.

Schon in Bezug aber auf den Willen muss man die
Unabhängigkeit der Gegenstände (äussern Dinge) beschränken.
Wenn ich einen Gegenstand nicht sehen will, schliesse ich die
Augen, will ich ihn nicht fühlen, berühre ich ihn nicht, will
ich ihn nicht tönen hören, stopfe ich die Ohren zu. Also nur
vorausgesetzt, dass die Sinne in einem bestimmten Verhältniss,
in einem bestimmten Zustande sich befinden, der eben die
Bedingung zum Wahrnehmen bildet, bin ich gezwungen Gegenstände wahrzunehmen oder was dasselbe ist, sind die Gegenstände unabhängige von meinem Willen. Aber diese Unabhängigkeit vom Willen ist kein Kriterium eines transcendenten
Gegenstandes, sie ist überhaupt gar nichts so eigenthümliches
zu dem man sie stempeln will: denn auch, dass $6 \times 6 = 36$
ist, ist ein von meinem Willen ganz unabhängiger Satz, aber
deswegen doch nicht transcendent. Es ist eben in diese
„Unabhängigkeit vom Willen" im vorhinein eine versteckte
Transcendenz hineingelegt. Der Wille wird als eine wesentliche
Wirkung, als das „In-Erscheinung-treten" eines transcendenten
Wesens, des transcendenten Subjects aufgefasst. Was nun
unabhängig von jener wesentlichen Eigenschaft oder vielmehr
Wirkung ist, ist es natürlich auch von jenem transcendenten
Wesen, und da dieses transcendente Wesen auch Träger des

des Bewusstseins sein soll, so fällt alles vom Willen unabhängige einem Factor ausserhalb des Bewusstseins zu, ist
Wirkung des transcendenten Objects und daher unabhängig von
der Wirkung des transcendenten Subjects, seiner Spontaneität,
dem Willen.

Dagegen muss eingewendet werden, dass dieses transcendente Subject nicht gegeben ist und dass seine nothwendige
Erschliessung (die sich aber doch nur innerhalb des Bewusstseins bewegen könnte), erst erwiesen werden muss. Dass es
daher falsch ist, aus der noch gar nicht erwiesenen (und auch
nicht zu erweisenden) Transcendenz des Subjects jene des
Objects beweisen zu wollen. Die Transcendenz des Subjects
wird aber als selbstverständlich angenommen: das „Cogito, ergo
sum" wird transcendent gefasst als : cogito, ergo sum res —
das transcendente Subject — cogitans — mit der Eigenschaft
des Denkens. —

Das transcendente Subject muss daher vorläufig von der
Untersuchung ausgeschlossen und abgewartet werden, ob sich
seine Annahme aufdrängen werde. Daher kann auch der Wille,
wenigstens vorläufig, nicht als Wirkung, oder Thätigkeit eines
transcendenten Wesens gefasst werden. Was aber dann übrig-
bleibt, ist nicht der Wille als Abstractum, von dem doch die
Abhängigkeit oder Unabhängigkeit nicht ausgesagt werden soll,
sondern die bestimmte Wollung. Aber diese bestimmte Wollung
ist nicht trennbar von ihrem Inhalt, ihrem bestimmten Ziel,
sonst wird es eben das Abstractum „Wollen" der abstracte
Wille. Der gewollte Inhalt oder Gegenstand unterscheidet sich
aber von dem nicht gewollten nur durch seine verschiedene
Beziehung innerhalb des Bewusstseins. Das „gewollt", oder
„nicht gewollt sein" haftet einem Inhalt oder speciell einem
Bewusstseinsinhalt als Verhältniss zu einem gewissen Theil des
gesammten möglichen Bewusstseinsinhaltes an, welcher Theil
eben das individuelle Ich bildet. Dieser Theil des Bewusstseinsinhaltes wird aber umfasst von der Reproduction, vom Reproductionsleben. Das individuelle Ich erscheint in jedem Augenblick wesentlich bestimmt durch seine Reproductionsfähigkeit

und -Gestaltung. Der Wille kann nur als eine ursprüngliche,
nicht näher zu bezeichnende, Beziehung, innerhalb oder zu
diesem Reproductionsleben, aufgefasst werden. Insoferne steht
also auch der wahrgenommene Gegenstand nicht nothwendig
in jener Beziehung zur gegenwärtigen Reproduction, die man
sein „Gewolltsein" oder „Nichtgewolltsein" nennt. Der
Theil des Bewusstseinslebens, den die Reproduction umfasst,
steht zwar in inniger Beziehung zum Wahrnehmungsleben, zur
Wahrnehmungswelt, so dass ein Theil ohne den andern nicht
denkbar ist, aber jene Beziehung eines möglichen Theiles der
Wahrnehmungswelt zur Reproduction, welche durch das „Wollen"
bezeichnet wird, ist nicht unumgänglich zum Eintritt jenes
wahrzunehmenden Theiles in's Bewusstsein nothwendig, wenn
auch jene Beziehung des „Gewollt" oder „Nichtgewolltsein"
einer der bedeutendsten Factoren für das gesammte Bewusstseinsleben ist. Das „Wollen" oder „Nichtwollen" ist also eine
Beziehung, ein Verhältniss innerhalb der Bewusstseinswelt und
nöthigt durchaus nicht zur Annahme einer Transcendenz. Nur
wenn man dem Reproductionsleben und daher mittelbar jenem
Verhältniss des Wollens ein transcendentes Subject unterschiebt,
wird jene „Unabhängigkeit vom Willen" zur Transcendenz des
wahrgenommenen Gegenstandes führen müssen.

Doch der Gegenstand (natürlich der wahrgenommene), soll
nicht nur unabhängig vom Willen, sondern auch vom Ich, vom
Subject sein. Dieses Ich kann wieder körperlich gefasst werden,
es kann aber auch als Ichbewusstsein gedacht werden.

Wir wollen zuerst das Ich in körperlicher Beziehung betrachten. Hier kann doch wohl unter Abhängigkeit oder Unabhängigkeit des Gegenstandes nichts anderes verstanden werden,
als sein Verhältniss zum eigenen Körper. Z. B. Ich befinde
mich in einem Zimmer und betrachte eine aus Rosenholz ge-
schnitzte Nippsache; ich befühle sie, ich berieche sie, um mich
zu überzeugen, dass es wirklich Rosenholz sei, also um mich
kurz zu fassen, ich constatire ihre bestimmte Existenz. — Ich
begebe mich in ein anderes Zimmer — die Gesichts-, Tast-,
Geruchsempfindung der genannten Art ist fort. Die Nippsache

besteht nicht mehr? Ist sie nur ein möglicher Empfindungs-
complex, abhängig von der Anwesenheit meines Körpers? Eine
blosse Möglichkeit? — Im Gegentheil, die Nippsache ist eine
Nothwendigkeit, natürlich wie alle Nothwendigkeit unter Voraussetzung gewisser Bedingungen; vor Erfüllung dieser ist sie in
der That nur eine Möglichkeit. Die Bedingungen, um sie aus
einer Möglichkeit zur Wirklichkeit und Nothwendigkeit zu
machen, sind mir bekannte, bestimmte Bewegungen meines
Körpers. Denn diese Bewegungen meines Körpers sind be-
gleitet von Veränderungen meines Gesichtsfeldes und es besteht
eine nothwendige Beziehung zwischen beiden. Aber eben diese
nothwendige Beziehung zwischen allen Bewusstseinsinhalten ist
das, was wir mit dem Worte „Bestehen" ausdrücken. In
derjenigen Beziehung, in der ein Bewusstseinsinhalt als nothwendiger Bestandtheil der Bewusstseinswelt gedacht werden
muss, in dieser Beziehung besteht er, eine derartige Seinsart
kommt ihm zu. Hat man die Beziehungen festgestellt, in
welchen ein Bewusstseinsinhalt zu andern, überhaupt zur bekannten Bewusstseinswelt steht, so hat man die Art seines
Bestehens bestimmt. Nichtbestehend könnte nur ein Bewusstseinsinhalt genannt werden, der in gar keiner Beziehung zu
anderen steht, ein solcher ist aber gar nicht denkbar. Damit
aber ein Gegenstand der Wahrnehmung als bestehend anerkannt
werde, ist sein unmittelbares Gegebensein als Wahrnehmung nicht
nothwendig, wenn nur seine Beziehungen zu den im Augenblicke
gegebenen Bewusstseinsthatsachen bekannt und bestimmt sind.
Z. B.: Ein Gebirge, das ich vor Jahren gesehen, besteht auch jetzt
in dem Augenblicke, wo ich es nicht sehe, d. h. es steht mit den
mir jetzt gegebenen Wahrnehmungen in einem nothwendig gedachten Zusammenhang, meine Wahrnehmungswelt, wie ich sie
als in nothwendigem Zusammenhang bestehend denken muss,
wäre undenkbar, hätte eine nicht auszufüllende Lücke ohne
jenes Gebirge. Der Zusammenhang meiner Wahrnehmungswelt,
ohne welchen sie überhaupt gar nicht denkbar wäre, fordert als
seinen integrirenden Bestandtheil die Wahrnehmbarkeit jenes
Gebirges. Daher ist jenes Gebirge, in diesen seinen Beziehungen

zur Wahrnehmung gedacht, eine nothwendige Existenz, die mit
meiner ganzen Wahrnehmungswelt steht und fällt. Aber dieses
Gebirge gehört auch in's Bereich der blossen Möglichkeiten,
insoferne seine wirkliche Wahrnehmung an bestimmte Bedingungen geknüpft ist, von deren möglicher, aber nicht nothwendiger Erfüllung sie · abhängt. Die Wahrnehmbarkeit des
Gebirges ist also nothwendig. seine wirkliche Wahrnehmung
nur möglich. aber eben dieses bestimmte Gebirge kann auch
betrachtet werden nach seinen Beziehungen zu meiner Reproductionswelt. insoferne es durch andere Reproductionen oder
vielleicht auch Wahrnehmungen in's Bewusstsein gerufen wurde,
insoferne es also eine Erinnerung ist. So ist ein und dieselbe
unmittelbar gegebene Bewusstseinsthatsache, je nach dem Zusammenhange, in dem sie gedacht ist, bald integrirender Bestandtheil der Wahrnehmungs-, bald integrirender Bestandtheil
der Reproductionswelt. Ihre Beziehungen, in denen sie gedacht
erscheint, weisen ihr ihre Existenzart an.

Man wird mir vielleicht einwenden, durch alle jene Beziehungen jenes Gebirges zu meiner Wahrnehmungswelt sei
noch nicht seine Realität, sondern nur seine bestimmte Be-
wusstseinsart erwiesen. Hier legt man aber in jenen Begriff
der Realität schon im vorhinein die Transcendenz hinein, ohne
sich zu fragen, ob nicht eine Realität ohne Transcendenz ge-
nüge und ob nicht die Realität durch Transcendenz vollständig
überflüssig wäre, auch selbst wenn sie bestünde. Denn was
soll mir eine Realität nützen, von der ich niemals irgend etwas
Näheres erfahren kann, die mir, so lange ich Bewusstsein habe,
unerreichbar bleibt: wenn ich es aber verliere — ja was dann?
Dann bleibt diese Realität wenigstens bestehen — als ob dann
das Wort „Bestehen" für mich, den „Nichtbestehenden", noch
eine Bedeutung haben könnte.

Man erklärt die ganze Welt der Wahrnehmung sammt der
sie sonst noch umfassenden Bewusstseinswelt — für Schein
oder Erscheinung, und glaubt damit die Berechtigung zu erhalten, eine Welt des „Nichtscheins", der „Nichterscheinung",
hinter ihr annehmen zu dürfen.

Doch prüfen wir zuerst die Berechtigung, die ganze Bewusstseinswelt — Schein oder Erscheinung zu nennen. Diese Benennung beruht offenbar auf einer Analogie zwischen Vorstellung (Reproduction) und Wahrnehmung. Die Vorstellungswelt wird oft aufgefasst als die blosse Erscheinung der Wahrnehmungswelt, als ihr Abbild, und die Verwechselung dieses Abbildes mit dem Urbilde giebt den Schein. Nun ist wohl anzunehmen, dass vielleicht noch in vorphilosophischen Perioden der Weltgeschichte die Flüchtigkeit, Unbeständigkeit und Veränderlichkeit der Reproductionswelt gegenüber der Beständigkeit und Festigkeit der Wahrnehmungswelt wohl bemerkt wurde; und es ist auch diese Flüchtigkeit ein zwar nicht immer, aber doch meistens zureichendes Kriterium der Vorstellung gegenüber der Wahrnehmung. Nun wurde aber bei näherer Prüfung der Wahrnehmungswelt bemerkt, dass auch diese keine absolute Unveränderlichkeit besitzt, ja dass sogar ein und derselbe Gegenstand, ohne selbst eine Veränderung zu erleiden, je nach seiner Lage zum menschlichen Körper eine verschiedene Auffassung und Anschauung aufnöthigt, und so schloss man denn wohlgemuth: ist die Vorstellung die flüchtige, veränderliche Erscheinung der Wahrnehmung, die Wahrnehmung aber ebenfalls veränderlich, nun so ist auch die Wahrnehmung nur eine Erscheinung von etwas Beständigem, denn dieses müssen wir haben, soll es überhaupt ein Wissen geben. Es ist dieses ein ähnlicher Schluss, wie etwa folgender: Wenn ich kein Geld habe, bin ich unglücklich und unzufrieden; es ist aber das Ziel jedes Menschen, glücklich zu sein, also ist mein „Nicht-Geld-haben" nur Schein und ich habe Geld.

Man dachte sich nämlich unter dem Wissen ein absolutes, unveränderliches Wissen, dieses fand man in der Bewusstseinswelt natürlich nicht, und anstatt also zu schliessen, ein solches Wissen giebt es nicht, es ist das ein unerfüllbares Postulat, schloss man, die Bewusstseinswelt biete überhaupt gar kein Wissen, das wahre Wissen stecke erst hinter derselben. Nachdem man aber nach vergeblichen Versuchen, zu jenem Wissen zu gelangen, sah, dass man aus der Bewusstseinswelt nicht

herauskönne, liess man jene absolut wissbare Welt wenigstens
als nie zu erreichenden Besitz bestehen, mit dem frohen Bewusstsein, es besteht etwas Unveränderliches — Absolutes, aber
ich weiss davon nur, soweit es in Erscheinung tritt, also veränderlich ist, d. h. ich weiss davon gar nichts.

Es ist eben ein Irrthum, wenn man glaubt, es sei gar kein
Wissen möglich, wenn dasselbe nicht absolut, wenn es veränderlich sei. Es ist ein Irrthum, wenn man glaubt, das Veränderliche sei nicht wissbar. Denn wenn das Veränderliche
ein gesetzlich verändertes ist, dann ist das Gesetz als Maassstab
des Veränderlichen da. Freilich ist auch das Gesetz nicht un-
veränderlich, es ist steten Modificationen unterworfen, aber es
ist stets ein Haltepunkt gegeben, sobald Unterschiede der Veränderlichkeit vorhanden sind, so dass ein Veränderliches am
andern messbar und bestimmbar ist; und wenn auch diese
Unterschiede nicht absolut beständige sind, kann man wohl
schliessen: also ist Erkenntniss der Welt eine endlose Ent-
wirrung derselben, nicht aber eine endlose Verwirrung derselben.

Man wird mir einwenden, wo ist aber der Ausgangspunkt,
der muss doch fest und klar sein? Ist man sich aber selbst
klar, was man verlangt von einer absolut klaren Bewusstseinsthatsache? Die absolute Klarheit einer Bewusstseinsthatsache
verlangt doch ihre genaue begriffliche Abgrenzung gegen alle
möglichen Bewusstseinsthatsachen; es würde daher, um eine
einzige Bewusstseinsthatsache absolut klar zu erkennen, schon
eine Kenntniss der ganzen Welt, also das v o r h e r verlangt
werden müssen, was man erst d u r c h sie erreichen will. Es
geht uns mit der Erkenntniss der Welt, wie dem Forscher mit
seinem Mikroskop; es zeigt nie alles so vollständig, dass nicht
noch denkbar wäre, durch Vervollkommnung mehr zu sehen;
aber ist deswegen das Gesehene nichts, etwas absolut Unklares,
weil es nicht absolut klar und vollständig, weil es in's Endlose
zu vervollkommnen möglich ist? Ist unsere Kenntniss Un-
kenntniss, weil sie relativ ist? Oder ist ein Ausgangspunkt
kein Ausgangspunkt, wenn er nicht absolut fest ist. Ist auf

einem in Bewegung befindlichen Schiffe kein Ausgangspunkt
denkbar in diesem Schiffe, abgesehen von dem es umgebenden
flüssigen Elemente? Oder ist der Polarstern kein Orientirungs-
punkt, weil er nicht ganz fix ist — Oder ist die Astronomie
unmöglich ohne einen absolut fixen Punkt?

Noch sehe ich einen Einwand voraus, den man machen
wird. Ist die Welt nur Bewusstseinswelt, dann, wird man
sagen, ist der absolute Illusionismus, der absolute Schein fertig.
Eine Illusion, ein Schein kann aber doch nur etwas sein, das
für etwas Anderes gehalten wird, als es ist. Ist hinter der
Bewusstseinswelt keine andere, dann ist jene doch kein Schein,
wenn sie für das gehalten wird, was sie ist; ist aber hinter
jener eine andere, dann ist dem Scheine Thür und Thor ge-
öffnet, denn wo ist die Sicherheit, beide nicht zu vermischen.
Absolute Illusion ist ein Widerspruch an sich selbst. Denn wo
eine Verwechselung ausgeschlossen ist, gibt es weder Illusion
noch Schein. Ist also Alles Illusion, dann ist Nichts Illusion,
denn es fehlt eben das, was als Illusion erscheinen könnte.

Doch die Unabhängigkeit des Gegenstandes soll nicht nur
den Körper, sondern das Bewusstsein überhaupt betreffen.
Gegenstände bestehen nicht nur unabhängig von ihrer Beziehung zum Körper, von ihrer Wahrnehmbarkeit, sondern auch
vom Ichbewusstsein überhaupt. Also die oben erwähnte Nippsache soll auch unabhängig sein von meinem Bewusstsein.
Nehmen wir an, mein Bewusstsein wäre zerstört, besteht die
Sache dann dennoch? Wer soll darüber urtheilen? Ich?
Ich bin nicht mehr. Etwa mein Freund? Ja, ich müsste
erst wissen, dass mein Freund ohne mein Bewusstsein, ohne
Datum oder Inhalt desselben zu sein besteht, ehe er urtheilen könnte, und dann wäre ja erst noch für mich
nichts ausgemacht, denn ich bestände ja nicht mehr. Bin ich
vollständig negirt, dann ist es nichtssagend, zu fragen, ob
Gegenstände ausser mir noch bestehen; ich bin Nichts und es
ist das also die Frage, ob noch Gegenstände ausser dem Nichts
bestehen, als ob das Nichts ein Aussen oder Innen hätte.
Aber ich schiebe mich offen zu einer Thür hinaus und trete

4*

leise zur andern herein — und siehe — die Gegenstände sind
noch da. — Für das Nichts? Nein, für das unbemerkt wieder
eingetretene Ich. Nur Derjenige, der den Widerspruch gar
nicht bemerkt, dass das vollständig negirte Ich nun doch urtheilen soll über sein Verhältniss zu den Gegenständen, kann
überhaupt eine solche Frage aufwerfen. Soll aber die Unabhängigkeit des Gegenstandes vom Bewusstsein nur die stets
mögliche Abstraction vom Bewusstsein bedeuten — dann bleibt
ja das Ichbewusstsein als solches bestehen, und diese Abstraction ist nicht nur bei dem transcendent seinsollenden
Gegenstande, sondern bei jedem Bewusstseinsdatum möglich,
auch beim vollständigen Hirngespinnste. Demnach ist der
von mir unabhängige Gegenstand, soweit er unabhängig ist,
dieses in immanentem und nicht in transcendentem Sinne.

4. Substanz. Substanz und Ding an sich hängen eng
zusammen: wie die Substanz, so das Ding an sich. Trotzdem
sind sie nicht dasselbe. Die Substanz hat ihre entschiedene
Berechtigung als der thatsächlich gegebene gesetzliche Zusammenhang sinnlicher Qualitäten, als das Gesetz der Veränderung, als
eine bestimmte Veränderlichkeitsart. Es sind freilich nur .
Eigenschaften, nur Accidenzen der Dinge gegeben, nicht
transcendente Träger derselben; aber diese Eigenschaften und
Accidenzen haben einen bestimmten Zusammenhang; ja, sind
isolirt überhaupt nur in abstracto denkbar, in concreto aber
stets in einem gesetzlichen Zusammen gegeben, welches
Zusammen als Ganzes Ding heisst, während jener gesetzliche
Zusammenhang, losgetrennt von den sinnlichen Qualitäten, in
denen er sich kundgiebt, Substanz genannt wird. Insoweit ist
also der Substanzbegriff nicht nur berechtigt, sondern nothwendig. Aber man muss zwei Fassungen desselben entschieden
entgegentreten: die eine ist die, als ob der Substanzbegriff vor
den Dingen (den in gesetzlichem Zusammenhang und Veränderlichkeit gegebenen Qualitäten) gegeben wäre, als ob er
a priori gewonnen und dann den Eigenschaften hinzugefügt
werden könnte. In dieser seiner hier hingestellten Nacktheit

wird dieser Satz wohl schwerlich aufgestellt werden; aber jene
Trennung des gesetzlichen Zusammen und der sinnlichen
Qualitäten in abstracto wird sehr leicht unbemerkter Weise zu
einer scheinbaren Trennung in concreto und a priori, und man
merkt dieses vor allen den Folgerungen an. Man setzt hier
eben wieder ein und dasselbe doppelt: einmal den Zusammenhang für sich, ohne ihn von seinen Qualitäten psychologisch
trennen zu können, und das andere Mal die Qualitäten für sich,
ohne sie von ihrem gesetzlichen Zusammmenhange isoliren zu
können; und je nach der verschiedenen logischen Betonung
glaubt man wirklich beide getrennt gedacht zu haben.

Die zweite Fassung des Substanzbegriffes, welche zu be-
kämpfen ist, ist jene, die diesen Begriff absolut fasst. Man
sucht nicht nach dem stets zu modificirenden und daher nur
relative Geltung besitzenden Gesetz der Veränderlichkeit der
Qualitäten der Dinge, sondern man will das absolute unveränderliche Gesetz derselben finden. Dieses absolute Gesetz
ist aber nie gegeben. Das absolute Gesetz der Veränderlichkeit
einer bestimmten Pflanze, die absolute Formel für eine Pflanze
wird nie zu finden sein, weil ihr Verhalten je nach den Verhältnissen, in denen sie sich befindet, verschieden sein wird.
Die möglichen Verhältnisse aber, in denen sie sich befinden
kann, sind in ihrem Detail von gar nicht zu begrenzender
Mannichfaltigkeit, die absolute Formel für dieselben zu finden
ist also unmöglich. Eine solche Forderung ist sogar an sich
widersprechend: ein Gesetz, das unter allen Bedingungen gelten
sollte, hätte ja gar keine Bestimmtheit, wäre das reine Nichts.
Ein Gesetz ist ja doch nur die Feststellung von Bedingungen
für bestimmte Veränderungen. Da aber in concreto alle Veränderungen verschieden sind, so sind auch ihre Bedingungen
verschiedene, und das Gesetz bildet daher eine Formel, die
steten Modificationen unterworfen sein muss, je nach der
Menge und Qualität der Veränderungen, aus denen sie abstrahirt ist.

Da nun dieses Bedürfniss nach Kenntniss des absoluten
Zusammenhanges der Eigenschaften der Dinge nicht befriedigt

werden kann, so will man wenigstens die Möglichkeit einer
solchen Befriedigung retten und versetzt daher diese Möglichkeit in die Transcendenz. Freilich können wir diese Möglichkeit
nie realisiren, so lange wir so denken und anschauen, wie wir
denken und anschauen, und wenn wir nicht mehr so denken
und anschauen, dann ist denn doch die Frage müssig, ob diese
Möglichkeit, die aus unserem Denken und Anschauen erschlossen sein soll, noch Anspruch auf Geltung haben kann,
wenn dieses nicht mehr gilt? Daher wird sich stets der Ver-
such einstellen, diese Möglichkeit schon jetzt wenigstens theilweise
zu realisiren. Und hier ist der Punkt, wo Substanz und Ding an
sich zusammenhängen. So lange noch der Substanzbegriff von
seinen Accidenzen nicht getrennt erscheint, so lange Gesetz
und die durch es zusammengehaltenen Eigenschaften noch in
ungeschiedener Einheit beisammenwohnen, wird das ganze
Ding idealiter, als Musterexistenz in die Transcendenz versetzt,
es ist das absolute Ding in seiner Vollständigkeit, das unveränderliche Zusammen von Eigenschaften.

Wird aber dann Substanz und Accidenz, Gesetz und
Qualität getrennt, dann wird nicht mehr das ganze Ding der gegebenen Welt entrückt, sondern nur der Zusammenhang, der jetzt
in seiner abstracten Nacktheit schwer denkbar ist, bekömmt
einen Träger, der stets gleich, den Beziehungspunkt der
Veränderungen des Dinges bildet und da er nicht gegeben ist,
transcendent sein muss. Dieser Träger ist aber jetzt auch die
Ursache dieses gesetzlichen Verhaltens der Dinge: er ist wirkend,
einfach (ein Beziehungspunkt) und beharrlich (was schon aus
seiner absoluten Einfachheit folgt).

Wird nun aber erkannt, dass Substanz eine gesetzliche
Beziehung, ein gesetzliches Verhältniss der Eigenschaften eines
Dinges ist, so wird seine Existenz, wie alles Abstracte, dem
Geiste zugeschoben, für subjectiv erklärt. Es entsteht aber nun
das Problem zu erklären, wie denn diese Qualitäten dazu kommen,
sich uns in dieser gesetzlichen Art und Weise aufzudrängen,
oder sich in diese gesetzliche Art unseres subjectiven Denkens
zu fügen? Das erste Problem entsteht, wenn man jene gesetz-

lichen Beziehungen der Qualitäten der Dinge zu transcendenten
Ursachen unserer gesetzlichen Auffassung derselben macht, wo-
mit natürlich das ganze Problem in der Transcendenz nur
noch einmal gesetzt erscheint, ohne gelöst werden zu können.
Das zweite Problem entsteht, wenn man die Seele nicht,
wie im vorigen Falle zu einer tabula rasa macht, sondern ihr
gewisse Formen zuschreibt, welche sich nun eben nur mit dem
erfüllen, wofür sie passen, ohne aber auch wieder jemals erklären zu können, wie denn jene Erfüllung stattfinden soll,
oder die Berechtigung nachweisen zu können zur Trennung
der nie leeren Formen der Erkenntniss von den nie formlosen
Erfüllungen derselben.

Die sinnlichen Qualitäten werden auf diese Weise natürlich ebenfalls (in beiden Fällen) zu subjectiven Erkenntnissen,
und es bleibt von den Dingen dann nur eine transcendent-
objective punctuelle Existenz übrig, die in ihrer Inhaltlosigkeit
als Monade, Ding an sich, oder einfaches Wesen alle ihre Bedeutung nur aus der subjectiven Erfahrungswelt selbst nehmen
kann.

5. Das Atom und die naturwissenschaftliche
Metaphysik. Es gab eine Zeit wo die Philosophie zu absoluter Erkenntniss gelangt zu sein glaubte. Das Absolute
und das reine Denken waren die Schlüssel, welche alle
Pforten zum Himmelreiche der Philosophie öffnen sollten. Man
vergass, dass das Abstractum, der Begriff nur denkbar ist am
Concretum, am bestimmten Ding, dass also der Begriff an und
für sich weder bestehen, noch Ursache sein kann. Mit einem
Worte: dass das reine Denken (ohne concrete Vorstellungen)
eine nie gegebene Fiction ist. Schon Berkeley hat nachgewiesen, dass die reine Abstraction, der reine Begriff, keine
Vorstellung für sich sein kann[1]), aber, wie so viele Sätze
Berkeley's, so wurde auch dieser mit Stillschweigen übergangen,
oder man gab ihm Recht und ging dann wieder ruhig zur

---

[1]) Berkeley's Works ed. by Fraser I, p. 139 f., vergl. Wundt,
Logik, p. 39 ff.

Allgemeinvorstellung, zur Vorstellung des Begriffes über. Wenn aber auch der Begriff nicht vorgestellt werden kann, so muss er doch gedacht werden können, wird man sagen. Allerdings, nur muss man erklären, was man sich selbst unter dem „gedacht werden" denkt; denn das Denken im weitesten Sinne umfasst alles, mithin ist es möglich, mit dem Denken im weitesten Sinne auch das concrete „Vorstellen" des Begriffes wieder unbemerkt einzuschmuggeln. Wenn man jedoch von dem Gedachtwerden des Begriffes spricht, darf man nur das Denken im engeren Sinne dafür in Anspruch nehmen; es ist das jenes Denken, das als Verbindung und Trennung überhaupt Beziehung am Concreten vorkömmt, und ohne ein solches Concretum auch im weitesten Sinne undenkbar ist. Der zweite Schlüssel zum Himmelreiche war das Absolute in allen möglichen Gestalten. Doch alle Gestalten kamen mehr oder weniger darin überein, es als das Unveränderliche und daher Beziehungslose zu fassen, nach dem Grundsatze des Spinoza: omnis determinatio est negatio. Man vergass dabei nur wieder, dass dieses Absolutum als vollständigste Indifferenz des Relativen, oder als vollständigste Bestimmungslosigkeit und Leerheit des Inhaltes, so weit es gedacht erschien, eben nicht das Absolute, sondern irgend eine bestimmte Erscheinung oder ein bestimmtes Entwickelungsstadium desselben war, so weit es aber nicht gedacht (und auch nicht denkbar war), uns auch gar nichts angehen konnte, d. h. dass es ebenfalls wieder eine reine Fiction war. Sollte aber das Absolute der in das nicht zu Beendende fortschreitende Process des Relativen sein, so fehlte jede Handhabe, es jemals fassen zu können. Es lag ja doch im Begriffe des Relativen selbst, keinen relationslosen d. h. absoluten Anfang oder ein solches Ende haben zu können, denn ein solches Relatives wäre eben nicht das Relative, sondern das fragliche Absolute gewesen. Was also gegeben war, war stets ein relativer Process ohne absoluten Anfang oder absolutes Ende. Den Process abbrechen, hiesse also, bei einem Relativen stehen bleiben, ihn bis in die Unendlichkeit fortsetzen, etwas Unmögliches fordern.

Diese Missachtung des Concreten und Relativen in der Philosophie brachte dieselbe in Misscredit. Aber wie stets ein Extrem in der Geschichte das andere hervorgebracht hat, so auch hier. Man warf alle Philosophie und alle Begriffe über Bord, d. h. natürlich alle philosophischen und rein begrifflichen Untersuchungen oder was man dafür hielt. Das Concretum und die bestimmte Relation wurden die Hauptgötter der neuen Philosophie, die aber selbst den Namen der Philosophie mit Abscheu von sich zurückwies und sich Naturwissenschaft oder auch Materialismus nannte. Im Eifer vergass man nur wieder das Gegentheil der älteren Philosophie. Das Concretum sollte Alles vermögen, aber dieses Concretum, wie immer es genannt wurde, war dem früheren Absolutum in einer Beziehung auf ein Haar ähnlich: so weit es nämlich bestimmt, erfasst und bekannt erschien, war es begrifflich bestimmt, erfasst und bekannt, so weit es aber begrifflich weder bestimmt noch bekannt war, konnte es ohne Schaden der Welt auch ewig unbekannt bleiben. Aber selbst jetzt noch (obschon ein Umschwung gegen jene Richtung auch von naturwissenschaftlicher Seite eingetreten ist) ist man der Meinung, wenn man von aller und jeder begrifflichen Bestimmtheit abstrahire, so bleibe noch etwas, das „dieses da" übrig; das „dieses da" müsse freilich der Sprache halber auch begrifflich ausgedrückt werden, aber die blosse Anschauung, der blosse sinnliche Eindruck sei nicht begrifflich bestimmt. Es ist fraglich, ob dieses „gar nicht Ausdrückbare" grosse Vortheile bieten könne, aber es ist noch fraglicher, ob es überhaupt denkbar sei? Das reine Sinnesdatum, so wie es gegeben ist, muss doch in irgend welcher Form, in irgend welcher Begrenzung, in einem Unterschiede überhaupt einer Beziehung gegeben sein, soll es nicht identisch sein mit jener Fiction eines beziehungslosen Absoluten. Irgend eine Farbe ist nur denkbar als eine bestimmte Farbe. Was heisst das aber „bestimmt"? Kann Etwas an und für sich bestimmt sein? Bestimmung kann doch nur Bestimmung durch etwas Anderes sein, eine Bestimmung durch sich selbst ist ebenso widersprechend wie eine causa sui. Eben durch diese noth-

wendige Beziehung des Einen auf das Andere, die ursprünglich
ist, ist ja allein das Relative als Relatives bezeichnet, leugnet
man diese nothwendige Beziehung, dann stellt sich auch sofort
die Nothwendigkeit des Absoluten ein. Eine Farbe ist nicht
denkbar ohne Unterscheidung von Etwas, das nicht Farbe oder
wenigstens nicht diese Farbe ist. Irgend eine Farbe und nur
diese Farbe und weiter gar Nichts, ist das reinste Abstractum,
aber gewiss kein Concretum. Ist aber die Farbe stets in einem
Zusammen mit etwas Anderem gegeben, dann bleibt nur die
Wahl entweder zu behaupten, man unterscheide dieses Zusammen nicht (Frage: woher weiss man denn, dass ein solches
Zusammen doch ursprünglich gegeben ist?), oder zu behaupten, man unterscheide es begrifflich. Denn diese Unterscheidung
gehört doch weder der Farbe noch dem „Anderen" für sich
zu, sondern beiden, als „unterschiedenem Zusammen" derselben.
Man bringt aber stets falscher Weise die schon ganz entwickelten Begriffe mit den ursprünglichsten und einfachsten in
eine Linie. Der Begriff: „roth" ist nicht so einfach, als man
glaubt, er fasst die Unterschiede zur ganzen Farbenscala in
sich, und ist nur mit und in ihr denkbar. Aber nehmen wir
den fictiven Fall: es träten zwei farbige Flächen (die wir jetzt
als „roth" und „blau" bezeichnen würden) zum erstenmal in's
Bewusstsein; hätten wir eine rothe und blaue Fläche vor uns?
doch gewiss nicht! wir hätten zwei von einander unterschiedene
Farben: x und non x; aber unterschieden wären diese Farben doch
von einander, als auch von der Fläche, denn wenn sie nicht
als ursprünglich unterschiedene gegeben wären, so wäre nicht
abzusehen wann und weswegen später eine Unterscheidung
eintreten sollte, abgesehen von dem Widerspruche, die Behauptung des Daseins beider von der Behauptung ihres
Unterschiedenseins zu trennen. Diese Unterscheidung eines
„Zusammen", ohne welche das „Zusammen von Etwas" nur
ein Laut ohne Sinn ist, ist die einfachste begriffliche Beziehung,
die gar nicht als erst entstanden gedacht werden kann, da
ohne ihn irgend ein Vorstellen oder Wahrnehmen überhaupt
undenkbar erscheint. Nimmt man freilich nun den Begriff

„roth" in seiner vollen Entwickelung, dann wäre es lächerlich,
zu behaupten, ich müsste, um „roth" wahrnehmen zu können,
seinen Unterschied in der Schwingungszahl von allen übrigen
Farben wissen, oder auch nur den psychologischen Unterschied
zu allen übrigen Farben kennen. Aber „roth" ist doch wenigstens nur als rothe, irgend wie begrenzte Fläche denkbar und
die damit gegebenen Unterschiede sind nothwendige und ursprüngliche begriffliche Unterschiede. Daher ist das Concretum
als reines Concretum ebenso eine Fiction oder ein Abstractum,
wie der reine Begriff für sich allein eine Fiction ist. Hier
reichen sich die absolute Philosophie und die absolute Naturwissenschaft die Hand, denn das absolute Concretum und das
absolute Abstractum sind undenkbar und eine willkürliche, nie
zu vollstreckende Trennung des schon ursprünglicher gegebenen:
„unterschiedenen Zusammen".

Hatte aber die so verrufene ältere Philosophie die Summe
aus allem Wissen ziehen zu können gemeint, hatte sie sich
von allem Einzelnen abgewendet und nur mit dem abgeschlosse-
nen Ganzen des Wissens, dem Absoluten, beschäftigt, so ge-
schah jetzt das Gegentheil: die neue naturwissenschaftliche
Philosophie predigte allen allgemeinen Wissenschaften den
Tod, nur die Detailforschung und die Specialwissenschaft sollte
Berechtigung haben, alles Uebrige wurde als Schwindel angesehen. Dabei wurde wieder nur vergessen, dass die Detailforschung sich als richtige Detailforschung nur durch ihre Zu-
sammenstimmung mit allen übrigen Detailforschungen documentiren kann. Oder ist überhaupt jede Detailforschung qua Detailforschung richtig?

Dürfen sich sorglos zwei Detailforschungen widersprechen?
oder werden Detailforschungen und Experimente auf gut Glück
unternommen, wie sich Kinder etwa mit elektrischen Apparaten
spielen? Muss nicht vielmehr, soll die Forschung und das
Experiment nicht blind erfolgen, ein bestimmtes Ziel im vorhinein schon da sein? Dieses Ziel kann aber doch nur ein
allgemein bestimmtes sein, denn die Detailbestimmung hat ja
die Forschung erst zu leisten. Dieses Ziel kann aber auch

nicht schon Erreichtes bilden, d. h. es muss eine auszufüllende Lücke in einem Systeme sein, und setzt mithin die Richtigkeit früherer Detailforschungen, die es ergänzen soll, voraus. Diese früheren Detailforschungen waren aber ebenfalls wieder nur Ergänzungen noch früherer und also auch von der Richtigkeit dieser abhängig. Es wird sich also stets das Bedürfniss herausstellen, eine Controle dieser Detailforschungen dadurch auszuüben, dass man in einer allgemeinen Wissenschaft den Zusammenhang der Detailforschungen auf seine Widerspruchslosigkeit hin prüft. Denn hängt eine Detailforschung von der Richtigkeit der anderen ab, so kann sich eine Detailforschung nicht selbst überwachen, sondern muss diese Ueberwachung einer allgemeinen Wissenschaft überlassen.

Aber nicht nur der Ueberwachung wegen ist eine allgemeine Wissenschaft nothwendig, sondern auch der abstracten Ziele wegen. Die Detailforschung kann direct sich die Ziele nicht schaffen, sie muss sie schon besitzen. Nur eine die Detailforschungen vergleichende Wissenschaft kann aber durch Auffindung von Lücken der Detailforschung die im Allgemeinen bestimmten Ziele weisen.

Endlich bietet auch die Detailforschung kein absolutes Wissen. Sie kann nur unter bestimmten Bedingungen und Gesichtspunkten arbeiten und was sie erreicht, ist nie absolutes, nicht weiter auflösbares Detail. Das letzte Resultat einer Detailforschung ist das zu analysirende Object einer zweiten. Die Resultate der Detailforschungen sind daher bewegliche Glieder eines beweglichen Ganzen der Wissenschaft, die in gegenseitiger organischer Abhängigkeit sich ändern und wachsen.

Es unterscheidet sich aber auch die Detailforschung nicht dadurch von der allgemeinen Forschung, dass etwa ihr Ziel und Object nicht das Allgemeine wäre, sondern dadurch, dass ihr Object das Allgemeine im Concreten, das Object der allgemeinen Forschung, das Allgemeine im Allgemeinen ist. Daher hat die Erforschung des Allgemeinen die vorgefundenen Resultate der Detailforschung so lange als richtig anzunehmen, als es der allgemeine Zusammenhang dieser Resultate zulässt, und umgekehrt hat die Detailforschung den allgemeinen Zusammenhang so lange als die Grundlage ihrer Forschung zu betrachten, so lange dadurch kein Widerspruch in die Detailresultate hineinkommt. Die Ueberwachung kann also nur eine gegenseitige sein.

Diese Abhängigkeit der Detailforschung von dem allgemeinen Zusammenhange aller Wissenschaften wurde aber von den naturwissenschaftlichen Philosophen übersehen, und sie machten daher die für die naturwissenschaftlichen Forschungen nothwendigen Gerüste zu Ursachen an sich der Erscheinungen, die Hilfsconstructionen zu transcendenten Gerüsten der Erscheinungswelt, ohne zu bedenken, dass dieses so errichtete naturwissenschaftlich-metaphysische System sich vor einem allgemeineren Standpunkte zu rechtfertigen hätte. Die Detailforschung selbst litt darunter freilich weniger Schaden, weil sie jenes metaphysische System doch nur so weit beachtete, als es das immanente Band naturwissenschaftlicher Forschung bildete. Die Philosophen der Naturwissenschaft aber begingen denselben Fehler, den ein Münzensammler begehen würde, wenn er das System, nach welchem er die Münzen gesammelt und geordnet, für eine der Ursachen und der Gesetze ihrer Entstehung halten würde, anstatt sie für eine der Ursachen und Gesetze ihrer Sammlung zu halten.

So kam man denn zu einer ganzen metaphysischen Welt hinter der unmittelbar gegebenen, zu einem System von Kräften und Atomen oder Kräftepunkten, die aber, soweit sie denkbar waren, auch ihren Elementen nach der Erscheinungswelt angehörten, soweit sie aber nicht denkbar waren, entweder gleichgiltig oder widersprechend sein mussten. Atome aber oder reine Beziehungspunkte sind stets das letzte Product, zu dem die Abstraction gelangt, und sie haben auch, sobald sie nicht mehr als Abstractionen sein wollen, ihre vollständige Berechtigung. Jeder Wissenschaft muss es ja darauf ankommen, in der Mannigfaltigkeit des Concreten ein Allgemeines auszuscheiden vom Zusammen mit Anderem, es zu isoliren, im Experimente eine Wirkung durch andere möglichst zu para-

lysiren und so zur isolirten Wirkung eines einzelnen Factors
zu gelangen. Führt man diese Isolirung und Ausscheidung
nun so weit, dass das Ausgeschiedene in seiner Abstractheit
auf Schwierigkeiten seines Gedachtwerdens stösst, so stellt sich
das Bedürfniss ein, es zu verbildlichen und damit die Gefahr,
das Bild für den Gegenstand oder vielmehr für den abstracten
Bestandtheil zu halten. Was als Atom vorgestellt wird, hat die
Qualität des Sicht- und Tastbaren, nimmt man dieses Sicht-
und Tastbare hinweg, dann bleiben als für sich unvorstellbare
Punkte die Kraftcentren übrig, die man sich doch wieder nur
durch Zuhilfenahme von ausgedehnten Kreisflächen oder überhaupt Gestalten denken kann, indem man von ihrer Aus-
gedehntheit abstrahirt. Sie tragen also offenbar den Charakter
von Abstractionen an sich, man müsste denn behaupten, diese
Abstracta seien eben nur Abstracta für uns und hätten wer
weiss welche Beschaffenheit und Form an sich. Darauf ist
aber zu antworten: es kann sich doch nur darum handeln,
wie etwas für uns ist, wie es nicht für uns ist, bleibt ganz
gleichgiltig; es ist aber widersprechend, von Etwas reden zu
wollen, das uns gar nicht gegeben ist und gegeben sein kann.
Und was sollten die Atome sein? Wahrnehmungen sind sie
nicht, auch ihre Vorstellung ist nur eine schematische, und ihr
abstractes Sein wird oft geleugnet. Das Atom hat nicht einmal
die Existenz eines Steines im Monde, denn dessen Wahrnehmung, wenn sie möglich wäre, würde seine Existenz nicht vernichten, während die Wahrnehmung des Atoms das Wesen des
Atoms vernichten, es unbrauchbar zu einer wissenschaftlichen
Function machen würde.

Es ist auch nicht gerechtfertigt, dem Atome gerade jene
Beziehungen zuzuschreiben, welche in der Erscheinungswelt
dem Sicht- und Tastbaren entsprechen, warum hat es nicht die
Beziehungen des Tönenden?[1]) Doch die Antwort hierauf ist
leicht, weil das Tönende selbst erst auf räumliche und zeitliche

---

[1]) Mach: Die Geschichte und die Wurzel des Satzes von der
Erhaltung der Arbeit. Prag 1872, p. 27.

Beziehungen zurückgeführt werden müsste, um mathematisch fassbar zu sein. Wäre nicht die Nothwendigkeit vorhanden, für alle Erscheinungen schematische Analogien aufzufinden, die mathematisch berechenbar und fassbar sind, so könnten die Atome auch als Geschmacks- oder Geruchsbeziehungen gefasst werden, ohne widersprechender und undenkbarer zu sein. Reicht nun zu jenen Analogien der unmittelbar gegebene Raum mit seinen Beziehungen nicht aus, dann kann es vielleicht nöthig werden, nicht gegebene räumliche Beziehungen hinzuzufügen, um jene Analogien zu vervollständigen und Erscheinungen auf diese Art bestimmbar und berechenbar zu machen[1]). Aber diese räumlichen Beziehungen werden niemals dem wahrnehmbaren Raume angehören können, sondern nur Beziehungen eines Raumes in abstracto sein können, um gewisse Erscheinungen in mathematische Beziehungen mit anderen zu setzen.

Ist die ganze Welt der Atome nur ein Hilfsgerüste zum Aufbau der Naturwissenschaften, dann ist es auch ganz natürlich, dass sich die ganze Gestalt und Form dieser Welt stets nach den erforschten und zu erforschenden Erscheinungen richtet und gerichtet hat[2]). Es wäre gewiss eine von einem Naturwissenschaftler mit Entrüstung zurückgewiesene Forderung, sich nach der hypothetischen Beschaffenheit der Atome in seinen Forschungen richten zu sollen, unabhängig von den gegebenen Erscheinungen, und er würde zugestehen, dass er in die Atome nur das hineinlegen dürfe, was er in den Erscheinungen gefunden[3]). Aber damit hat er auch zugestanden, dass die Atome nichts erklären, denn der Erkenntnissgrund müsste doch mehr enthalten, als das aus ihm zu Erklärende. Hier ist es aber umgekehrt: das zu Erklärende enthält die Gründe für die Annahme des Erklärenden derart in sich, dass es nicht nur alle Eigenschaften des Erklärenden, sondern überhaupt Alles, was gegeben ist, in sich birgt. Was für das Er-

---

[1]) Mach, Die Gesch. etc., p. 28 ff. — [2]) Lange, Gesch. d. Mat. II, p. 181 f., bes. p. 191. — [3]) l. c. p. 210.

klärende übrig bleibt, ist ein dünner Extract aus dem zu Erklärenden.

Ebenso natürlich ist es, dass die abstracte Welt der Atome,
sobald sie zu einer concreten Welt gestempelt werden soll, die
grössten Widersprüche zu Tage bringt. Denn um was es sich
in jeder Wissenschaft handelt, sind Beziehungen; diese sind
aber für sich allein nicht denkbar, sondern können nur an
einem Concretum, an einer Anschauung gedacht werden. Die
gewählte Anschauung selbst ist gleichgiltig, sobald sie nur den
Zweck, gewisse Beziehungen darzustellen, erfüllt. Verwechselt
man nun jenen nothwendigen Anknüpfungspunkt für das beziehentliche Denken mit wirklichen Beziehungsgliedern, dann
hat man die Welt nicht nur doppelt (denn zu jeder Beziehung
hat man zwei Paare von Beziehungsgliedern: der Erscheinung
und des Schemas), sondern es treten nun Widersprüche her-
vor, weil das Schema nun mehr leisten soll, als der ursprüngliche Zweck seiner Annahme gefordert hat. Das ist also der
Unterschied zwischen dem philosophischen und physikalischen
Atome [1]), dass das Letztere nichts mehr ist, als ein die Erscheinungen erläuterndes, oft ihre mathematische Bestimmung
ermöglichendes Schema, das Erstere aber eine selbständige
Substanz sein will, ohne mehr als ein Schema sein zu können.
Daher ist das Atom in der Naturwissenschaft eine wechselnde
Vorstellung, sich richtend nach den Erscheinungen, in der
Philosophie ein erstarrter Widerspruch. So ist man entweder
genöthigt, dem Atome Ausdehnung zuzugestehen, dann ist seine
Untheilbarkeit, seine Undurchdringlichkeit oder absolute Härte,
seine Wirkungslosigkeit für sich unbegreiflich, undenklich [2]),
oder man lässt es zum mathematischen Punkt zusammen-
schrumpfen, dann aber ist die Bewegung eines Nichts im
qualitätslosen Raume ein unlösbares Problem [3]). Man kann sich
hier nur so helfen, wie sich einstens auch die speculative
Philosophie mit einem Deus ex machina zu helfen pflegte.

---

[1]) Vergl. Du Bois-Reymond, Grenz. d. Naturer., p. 19 f. —
[2]) Du Bois-Reymond l. c. — [3]) Leclair, Der Realismus etc. p. 260.

Man versetzt nämlich das unbegreifliche Atom in das unbegreifliche Land der Transcendenz, zwei negative Grössen ergeben
aber ein positives Product, d. h. aus den beiden Unbegreiflichkeiten entsteht dann die positive begreifbare Welt, freilich auf
unbegreifliche Weise.

Es werden zwar gewiss viele Naturforscher die Abstractheit, ja vielleicht selbst die schematische Beschaffenheit der
Atome an manchen Punkten der Naturwissenschaft zugeben,
ja in der Detailforschung vielleicht genau nach diesem Grundsatze verfahren, um dann dennoch wieder bei philosophischer
Zusammenfassung der Ergebnisse der Naturwissenschaften die
gegebene Welt als Resultat von Atombewegungen aufzufassen.
Dabei bleibt nur unbeachtet, dass im Erklärungsgrunde stets
das schon vorausgesetzt erscheinen muss, was gerade zu erklären ist: die Empfindung. Die uns gegebene Welt der sogenannten „Erscheinungen" ist doch zugestandenermassen (nur
der naive Realist wird sich dagegen sträuben) nur als Empfindung gegeben, d. h. als ein nach verschiedenen Gesetzen sich
gestaltendes Zusammen von sinnlichen Qualitäten. Diese sinnlichen Qualitäten sollen nun in uns erzeugt sein durch
Wirkungen der Atome. Die erste Frage ist: durch Wirkungen
auf was? auf ein von den Atomen verschiedenes Wesen, eine
Seele? oder wieder auf Atome selbst? Im ersten Falle ist in
der Seele dasjenige schon angenommen, was vor Allem der Erklärung bedarf, das Bewusstsein, und selbst wenn man unbewusste Empfindung annehmen wollte, müsste man doch wieder
versteckter Weise in sie schon Bewusstsein legen, wollte man
es in ihrer Summe oder Potenz: der bewussten Empfindung
finden. Die unbewusste Empfindung ist aber nie gegeben, daher
erschlossen und daher erst zu erweisen, ehe man mit ihr
Phänomene erklären darf. Es heisst ein Bekanntes aus Un-
bekanntem (eigentlich Widersprechendem) erklären, will man
das Bewusstsein aus den unbewussten Empfindungen deduciren.

Soll aber die Welt die Wirkung eines Atoms auf andere
sein, dann ist zwar das Bewusstsein nicht vorausgesetzt, aber
unbegreiflich, dann haben wir nur eine Mechanik oder Dyna-

mik der Atome, niemals aber das Bewusstsein — Ignorabimus? Wäre es aber nicht angemessener, jene Welt der Atome, die nicht nur das Bewusstsein jetzt nicht erklären, sondern niemals werden erklären können, als Ursachen des Bewusstseins zu streichen, anstatt die Wirkung dieser Ursache als ewige Unbegreiflichkeit hinzustellen? Eine Ursache, die nie Etwas erklären kann, dennoch als Ursache mit unbegreiflicher Wirkung beibehalten, hat doch wohl keine Berechtigung. Es scheint hier unberechtigter Weise das Causalgesetz über die Erscheinungswelt hinaus ausgedehnt worden zu sein, eine Ursache, nur um eine Ursache zu haben, angenommen worden zu sein. Sehr treffend sagt ein bekannter Physiker: „Wenn wir von einem Ding in der Welt sagen, es wird nach Verlauf einer gewissen Zeit die Veränderung A erleiden, so setzen wir es als abhängig von einem andern Theil der Welt, den wir als Uhr betrachten. Wenn wir aber für das Weltall einen solchen Satz aussprechen, so haben wir uns insofern getäuscht, als wir Nichts mehr übrig haben, worauf wir das Weltall wie auf eine Uhr beziehen könnten [1]." Kann man diesen Satz nicht auf die Bewusstseinswelt anwenden, die ja doch wohl jenes Weltall in sich fasst und sagen: Wenn ich von Bedingungen eines Bewusstseinsmomentes spreche, so setze ich es als abhängig von anderen Momenten des Bewusstseins. Wenn ich aber einen Satz für das ganze Bewusstsein aussprechen will, dann habe ich mich insofern getäuscht, als ich Nichts mehr übrig habe, wovon das Bewusstsein abhängen könnte, wonach es zu bestimmen möglich wäre.

Ausserdem ist zu bedenken, dass Dasjenige, was Bewusstsein und Empfindung erklären soll, jene Qualitäten schon an sich trägt, die erst aus ihm entstehen sollen. Durch Bewegung von Atomen, durch Schwingungen sollen Farben-, Gehörs-, Tast-Empfindungen etc. entstehen. Aber diese schwingenden Atome können doch ihre Schwingungen nur in der Weise sicht- und tastbarer Körper vollführen, wenn auch diese

---

[1] Mach, l. c. p. 37.

Schwingungen nicht mehr wahrnehmbar sind; mithin setzen sie, um überhaupt nur in irgend welcher Weise gedacht werden zu können, sinnliche Qualitäten schon voraus, die sie ja erst erklären sollen. Um überhaupt nur von schwingenden Atomen sprechen zu können, müssen sie in irgend welchen sinnlichen Qualitäten schon gedacht werden und können mithin, soweit sie gedacht sind, das, was sie schon voraussetzen, natürlich nicht erklären, soweit sie aber nicht gedacht sind und nicht gedacht sein können (in ihrem transcendent sein sollenden Sein), vermögen sie natürlich noch weniger Etwas zu erklären.

Man könnte vielleicht (es ist das ein heuristisch vielleicht vielversprechender Gedanke) die Transcendenz der Atome fallen lassen und sie nur als Veränderungen einer Grundempfindung (etwa der Tastempfindung) fassen [1]), so dass Bewegung und Schwingung der Atome nur ein figürlicher Ausdruck für die in verschiedener Weise aufeinander folgenden Momente der Grundempfindung wäre. Dann bestände die Empfindung „Grün" nicht aus 600 Billionen Atomschwingungen bestimmter Form und Schwingungsweite, sondern aus einer in analoger Weise erfolgenden Potenzirung der Grund-, etwa der Tastempfindungen, so dass vielleicht so und so viele mit solcher Intensität aufeinanderfolgende Tastempfindungen der Empfindung „Grün" gleichkämen. Aber auch dann wären die so und so viel Millionen Tastempfindungen

---

[1]) Vergl. Avenarius: „Philosophie als Denken der Welt gemäss dem Princip des kleinsten Kraftmaasses", p. 65. Avenarius spricht nur davon, dass es grossen Werth hätte, wenn man „alle differenten Empfindungen aus einer ursprünglich gleichinhaltlichen durch Selbstdifferenzirung" entstehen lassen könnte. Die hier geäusserte Ansicht scheint mir eine der möglichen Anwendungen des Gedankens von Avenarius. Eine solche Rückführung aller Empfindungen auf eine dürfte aber nicht auf metaphysischem Wege geschehen: es dürften also nur die differenten Empfindungen als analog sich verhaltend zu gewissen hypothetischen Formen der Grundempfindung angenommen werden. Niemals könnte aber eine Art der Grundempfindung identificirt werden mit einer differenten Empfindung, ohne dass dadurch jene Art der Grundempfindung als transcendente oder unbewusste Form der differenten Empfindung erscheint.

5 *

(Grundempfindungen) eben entweder Tastempfindungen oder
Farbenempfindungen, aber nicht Beides; und es wäre ein Widerspruch, wollte man die Farbenempfindung aus der Tastempfindung
sich differenziren lassen, denn die Farbenempfindungen müssten
entweder auf die Grund-, also etwa auf die Tastempfindung
folgen, dann würden sie nicht aus ihnen entstehen, oder es
müssten die Grund- eventuell Tastempfindungen zugleich Farbenempfindungen sein, was widersprechend ist. Es herrscht zwar
gewiss ein nothwendiger Zusammenhang zwischen allen
Empfindungen, aber wollen wir aus einer Grundempfindung
alle übrigen entstehen lassen und soll dieses mehr als eine Analogie
im Verhalten der übrigen Empfindung mit der Grundempfindung
ausdrücken, dann kömmt man nothgedrungen zu dem Widerspruche,
jede Empfindung doppelt zu setzen: als Grund- und Special-
empfindung, was nicht nur nicht gegeben, sondern auch undenkbar
ist, wenn es mehr als Gleichzeitigkeit, wenn es Identität ausdrücken
soll. Man hat eben nicht das Entstehen, weder der Welt im
Ganzen, noch eines Theiles derselben festzusetzen, sondern die
Abfolge und den Zusammenhang der Bestandtheile der Welt.
Die Welt ist nur in einem gewissen Zusammenhange in einer
bestimmten Gliederung ihrer Bestandtheile denkbar, den Zusammenhang ihrer Bestandtheile, ohne welchen die Bestandtheile selbst undenkbar werden, zu bestimmen, ist die Aufgabe
der Wissenschaft [1]). Das Entstehen der Welt aber oder ihrer
Bestandtheile nachweisen wollen, hiesse sich auf einen Standpunkt ausserhalb der Welt und ihren nothwendigen Zusammenhang stellen. Entstehen kann überhaupt nicht in dem Sinne
gefasst werden, dass die Ursachen ein bleibendes Substrat der
Wirkungen wären, vielmehr ist die verschwundene Ursache
Wirkung geworden. In diesem Sinne kann man sagen: Alles
entsteht aus Nichts und nicht aus etwas Anderem, das gar
nicht mehr dasein darf, wenn etwas Neues eintritt, aber Alles
steht in einem nothwendigen Zusammenhange mit dem Voran-
gehenden, Gleichzeitigen und Nachfolgenden ohne welchen Zu-

---

[1]) Vergl. Mach, l. c. p. 36, 37, 46.

sammenhang es gar nicht denkbar ist. Die Atomschwingungen
könnten daher nicht (vorausgesetzt, dass sie mehr als eine
Hilfsconstruction wären) Empfindungen sein, sondern nur in
nothwendiger Beziehung zu ihnen stehen. Die Function des
Gehirnes ist nicht Denken, denn dann ist es nicht Function des
Gehirnes, sondern diese steht nur im nothwendigen Zusammenhange mit der übrigen Denk- und Empfindungswelt. Eine
Farbenempfindung kann nicht eine Art Grundempfindung sein,
sie ist entweder das Eine oder das Andere, aber sie kann in
einem nothwendigen Zusammenhange mit einer Grundempfindung
stehen. Man trennt aber in der Regel die nothwendigen Denkbeziehungen von den nothwendigen Denkgliedern, die Dinge
von den Beziehungen, in denen sie allein denkbar sind, daher
ist man dann genöthigt, die losgetrennten Glieder auf unbegreifliche Weise auseinander entstehen zu lassen, oder die ihnen
ursprünglich anhaftenden Denkbeziehungen in anderer Gestalt
wieder aufzudrängen. Erkenntnissgrund und Causalität können
nur dann wesentlich verschieden sein, wenn Denken und Gedachtes vollständig getrennt werden. Wer noch einen andern
Grund für die causale Bestimmtheit einer Thatsache sucht, als
den, dass sie eben in einem anderen Zusammenhange nicht
vorstellbar, überhaupt nicht denkbar ist, sucht eine Denkbeziehung ausserhalb des Denkens [1]. Wenn ich behaupte, ein
bestimmtes x folge nothwendig auf ein bestimmtes y, dann
kann ich dieses doch nur deswegen behaupten, weil eine andere
Folge, ein anderer Zusammenhang unter den bestimmten Umständen für mich undenkbar ist. Freilich wenn ich in abstracto
irgend ein x auf irgend ein y folgen lasse und dabei von den
bestimmten Denkbeziehungen beider abstrahire, dann ist freilich
nicht abzusehen, warum nicht ebensogut ein u, v oder z folgen
könnte, denn es bleibt ja dann nur die Denkforderung, dass
überhaupt Etwas folge und vorangehe, das „Was" bleibt unbestimmt. Man abstrahirt aber von dem Nicht-anders-gedacht-
werden-können, um eine vom Denken unabhängige Ursache,

[1] Vergl. Mach, l. c. p. 39.

Beziehung zu finden, ohne gewahr zu werden, dass man diese
Beziehung denn doch denken müsse. Daher kommt es, dass
man oft die Idealität der Welt zugesteht, dabei aber die Transcendenz der Causalität festhält und auf diese dann das Hinaus-
schreiten über die ideale Welt gründet[1]). Daher ist auch die
ganze Welt entweder Atom und Bewegung, dann ist sie keine
Empfindung und Vorstellung, oder sie ist Empfindung und
Vorstellung, dann ist sie nicht Atombewegung. Das Causalitäts-
gesetz kann aber unmöglich die Bedeutung haben, dass das
Bewirkende zugleich das Bewirkte sei, Atombewegung auch
zugleich Empfindung, abgesehen davon, dass ja diese Atombewegung selbst zu ihrer Denkbarkeit sinnliche Qualitäten, also
das, was sie erklären soll, voraussetzt.

Man hat aber, um Widersprüchen und unnöthigen Vorstellungen zu entgehen, die Atome zu blossen Beziehungspunkten, Kraftcentren gemacht, sie aller Sinnlichkeit zu ent-
kleiden gesucht. Dabei ist vor Allem zu bedenken, dass eine
solche Entkleidung nur in abstracto thatsächlich möglich ist,
ihre Möglichkeit in concreto aber damit nicht erwiesen erscheint, dass man sie als irgend welche sinnlichkeitslose Wesen
in die ebenso unbewiesene und undenkbare Transcendenz versetzt, um dann aus zwei Unbegreiflichkeiten eine Begreiflichkeit
entstehen zu lassen. Noch mehr aber ist zu bedenken, dass
bei qualitätslosen Wesen eine Bewegung, welcher Art auch
immer, undenkbar ist. Jeder Qualitätsunterschied kann in
seiner häufigen Aufeinanderfolge als Bewegung gefasst werden:
Töne, Farben, Tastempfindung etc. sind durch die Unter- und
Verschiedenheit der Aufeinanderfolge ihrer Momente Bewegung,
aber eine Bewegung in einer einfachen Qualität oder gar eines
Qualitätslosen ist undenkbar, denn man müsste dann von der
Bewegung eines Ununterscheidbaren, oder weder sichtbaren
noch tastbaren, noch hörbaren etc. Körpers sprechen, dem
noch dazu auch gar kein Ort im Raume könnte angewiesen
werden, weil ein qualitätsloser Raum, ausser in abstracto (am

---

[1]) Hartmann, Grundl. d. tr. Real., p. 65 f.

concreten qualitativen Raume), gar nicht besteht. Aber nicht
nur keine Bewegung, sondern überhaupt gar keine Beziehung,
kann zwischen Qualitätslosem herrschen: Ein „Gleich" oder
„Ungleich", ein „Oben" oder „Unten", ein „Nebeneinander"
und „Nacheinander", jede Trennung und Verbindung wird sinnlos.
Aus allem Gesagten würde also das Resultat folgen: es
giebt keine Atome, noch ihre Bewegung und alle auf sie basirte
Wissenschaft ist falsch? Ja und Nein. Die Naturwissenschaft
hat, wie jede Wissenschaft, den Zusammenhang zwischen den
Erscheinungen möglichst genau festzustellen, dieses ist exact
nur möglich mittelst mathematischer Beziehungen; diese aber
fordern Gleichartigkeit und Unveränderlichkeit ihrer Glieder;
schon in der Schule lernt man, 5 Aepfel könnten nicht mit 5
multiplicirt werden, sondern nur die Zahl 5. Also Zahlen,
nicht concrete Gegenstände, Räume, nicht Raumqualitäten können
mathematische Beziehungen haben. Sollen daher Empfindungen
Qualitäten, überhaupt die Dinge in ihrer concreten Gestalt
mathematischer Behandlung zugänglich gemacht werden, so
müssen sie auf Beziehungen des Raumes und der Zeit gebracht
werden; das kann aber nichts Anderes bedeuten, als man
muss künstliche Raum- und Zeitgebilde suchen,
die in ihren mathematischen Beziehungen die
möglichste Analogie mit den in der concreten
Welt stattfindenden Beziehungen aufweisen. Diese
Analogie kann natürlich nur durch Versuche nachgewiesen
werden, indem man die Beziehungen der concreten Dinge im
Experimente von anderen Beziehungen möglichst isolirt und die
so gewonnene Beziehung durch eine mathematische Analogie
fixirt. Dann ist Grün nicht durch 600 Billionen Schwingungen
in uns als Empfindung entstanden, sondern es verhält sich die
Empfindung Grün zur Empfindung Roth überhaupt zur Empfindung der anderen Farben, Töne etc., wie sich 600 Billionen
Schwingungen bestimmter Art in einer Secunde zu den entsprechenden Schwingungszahlen und Arten der anderen Farben
und Töne in einer Secunde oder überhaupt zu anderen Empfindungen entsprechenden Bewegungsarten verhalten. So wird

hinter der Welt der unmittelbaren Wahrnehmung der Empfindung, der sogenannten Erscheinung, eine Welt räumlich
mathematischer Analogie aufgebaut, um die Empfindung messbar und bestimmbar zu machen. Dann aber vergisst man
darauf, zu welchem Zwecke diese Welt aufgebaut worden, und
hält die Hilfslinien und -Constructionen, die Schemata mathematischer Analogien anstatt für Maassstäbe und Messinstrumente
für die transcendenten Ursachen dessen, das man gemessen,
der Welt, wie sie unmittelbarer gegeben ist. Könnte man aber
durch dieses Transcendent-werden irgend Etwas erklären, dann
würde dieser erkenntnisstheoretische Widerspruch wenigstens
seine naturwissenschaftliche Berechtigung haben, man könnte
dann die Transcendenz als ein nothwendiges Hilfsmittel an-
sehen; da aber in jener transcendenten Form nur dasjenige
in räumlich mathematischer Form wieder erscheint, was unmittelbarer in räumlich qualitativer Form gegeben ist, so ist
dadurch nicht nur Nichts erklärt, sondern im Gegentheil die
Welt nur unbegreiflicher gemacht, als sie ist. „Das Ziel der
Naturwissenschaft ist der Zusammenhang der Erscheinungen.
Die Theorien aber sind wie dürre Blätter, welche abfallen,
wenn sie den Organismus der Wissenschaft eine Zeit lang in
Athem gehalten haben [1])." Ich möchte sagen, die Theorien
sind riesige Gebäude, grossartige Hilfsgerüste, um durch sie
Ein- und Ausblicke auf die Welt zu gewinnen, wie sie ohne
dieselben nicht möglich wären. Aber da sie nur zum Zwecke
dieser Ein- und Aussichten da sind, so müssen sie sich nach
ihren Zwecken richten und sind daher fortwährenden Um-
bauten unterworfen und auch vor einem eventuellen Ein-
gerissen-werden nicht sicher: man darf also den psychologischen
Weg, auf dem man zu einer Erkenntniss gelangt, nicht mit
dem logischen Erkenntnissgrunde, dem logischen Grunde des
Erkannten verwechseln. Wie oft es aber geschieht, dass man
den psychologischen Erkenntnissgrund mit dem logischen ver-

---

[1]) Mach, l. c. p. 46.

wechselt, das zeigen Weltgeschichte, Philosophie und Naturwissenschaft.

Wir wollen noch einen kurzen Blick auf den Begriff der
Materie werfen. Möge dieselbe nun als Complex von Atomen
oder Moleculen, oder als was immer für ein Substrat aufgefasst
werden, sie ist zum grössten Theile transcendent gefasst worden.
Und es war der Grundirrthum des Materialismus, das als das
Unmittelbarste hinzustellen, das nicht nur einer der abstractesten
Begriffe ist, sondern zum grössten Theile sogar auch metaphysischen Charakter an sich trägt. Was uns unmittelbarer
gegeben ist, sind Empfindungen, Complexe stets wechselnder
Empfindungen; dieses schillernde Gemisch sinnlicher Qualitäten
ist die „Materie" des gemeinen Mannes; der Wissenschaftler
löst dieses Gemenge in bestimmte mathematische Beziehungen
auf, ohne im Stande zu sein, es vollständig auflösen zu können,
es bleibt stets ein Rest: „der unbegriffene oder unbegreifliche
Rest unserer Analyse ist stets der Stoff[1]", die Materie. Mit
anderen Worten: es ist unmöglich, Etwas in lauter Beziehungen
aufzulösen, die Beziehungen zwischen Nichts wären; es wird
sich immer das Bedürfniss herausstellen, zu den Beziehungen
(Kräften) Beziehungsglieder (Stoff) zu denken, wie in der Logik
Alles in Subject und Prädicat, in der Metaphysik (recte Erkenntnisstheorie) Alles in Subject und Object zerlegt erscheint:
wir denken eben stets in Dichotomien[2].

Bei den Materialisten findet sich in seltsamer und oft
höchst unwissenschaftlicher Vermischung jener abstracte Begriff
der Materie mit jenem concreteren eines Zusammen sinnlicher
Qualitäten[3]. In dieser Weise wird auch der Satz von der
Unzerstörbarkeit des Stoffes gefasst und in den schönen Namen
der Unsterblichkeit eingekleidet. Den Beweis für diese Unsterblichkeit sollen unsere Waagen und Retorten geliefert haben[4].
In der That ist aber dieser Satz, wenn auch in anderer Form,

---

[1] Lange. l. c. p. 205. Vergl. Avenarius, l. c. p. 63. — [2] Wundt,
Logik 1, p. 53 f. — [3] Vergl. Büchner, Kraft u. Stoff. — [4] l. c. p. 14.

nicht so neu, denn er ist im menschlichen Denken begründet
auch ohne Waagen und Retorten. Er beruht auf der Unmöglichkeit, ein Nichts wahrzunehmen oder vorzustellen und
auf der daraus folgenden weiteren Unmöglichkeit, Etwas von
Nichts begrenzt, d. h. zusammenhangs-beziehungslos zu denken.
Selbst wenn man behauptete, dass die Materie aus Nichts geschaffen worden ist, wurde diese Materie doch noch zu einer
anderen Substanz zu Gott in Beziehung gesetzt. Kann man
das Nichts nicht denken, dann kann man auch Beziehungen
zwischen Nichts nicht denken, und es ist daher auch unmöglich, Etwas als vollständig vernichtet zu denken, ohne Etwas
an seine Stelle zu setzen. Das Vernichtete besteht also noch
in irgend welcher Form (Stellvertretung) fort, denn das Nichts
oder etwas auf Nichts Bezogenes ist undenkbar. Das Gesetz
der Erhaltung des Stoffes ist daher schon vorgebildet in der
Unmöglichkeit, Nichts zu denken (zu empfinden) oder in der
Nothwendigkeit, stets Etwas zu denken [1]. Durch Waagen und
Retorten ist aber nicht die Erhaltung des Stoffes bewiesen
worden, sondern vielmehr der Stoff auf seine Beziehungen,
seine Kräfte zurückgeführt worden, denn der Stoff als solcher
entzieht sich jeder mathematischen Feststellung, er ist nur in
seinen Beziehungen mathematisch erfassbar. Daher ist auch
die Erhaltung des Stoffes, so weit sie nicht zusammenfällt mit
der Unmöglichkeit, Nichts wahrzunehmen, vorzustellen oder zu
denken, identisch mit der Erhaltung der Kraft. Waage und
Retorte kann nichts Anderes thun, als Kräfte, Beziehungen
feststellen: Beziehungen der Schwerkraft, der Affinität etc.
Einen Körper wägen heisst die Beziehungen seiner Schwerkraft messen, und einen Stoff chemisch untersuchen heisst
seine Beziehungen zu anderen Stoffen feststellen. Es wird also
nur nachgewiesen, dass keine Wirkung (Beziehung) des Stoffes
absolut verschwinden kann. Ebenso ist die Beharrlichkeit der
Bewegung basirt auf die Erhaltung der Kraft, nur deswegen
ist es undenkbar, dass ein Körper von seiner Bewegungs-

---

[1] Vergl. Spencer, First principles, p. 172 f.

richtung von selbst abweichen oder sie beschleunigen oder ver-
langsamen sollte, weil damit ausgesprochen wäre, dass er von
selbst Kraft erzeugen oder die vorhandene vermindern könnte.
Das Gesetz der Erhaltung der Kraft aber beruht auf dem Gesetze der Causalität [1]. Denn könnte eine Ursache ohne Wirkung
oder eine Wirkung ohne Ursache angenommen werden, dann
hörte überhaupt jede Wissenschaft auf. Da es nun möglich
ist, eine jede bestimmte Ursache x aus unendlich vielen wirken-
den Theilen bestehend zu denken, so folgt daraus, dass, wenn
nicht in der Wirkung so viel enthalten wäre oder mehr als in
der Ursache vorhanden war, ein Theil der Ursache ohne
Wirkung oder eine Wirkung ohne Ursache geblieben sein
müsste, was unmöglich ist.

Nichtsdestoweniger kann man gewiss die klare Erkenntniss
dieses Satzes, sowie seine stricte Fassung und Einführung in
die Theorie der Naturwissenschaften (praktisch galt er längst)
als eine grosse Errungenschaft betrachten, denn sie schneidet
allen willkürlichen, nicht durch Messung nachweisbaren Er-
klärungen a priori die Wurzeln ab.

Doch in dieser Fassung des Satzes von der Erhaltung der
Kraft liegt eine Gefahr, transcendent zu werden. Man verwechselt leicht per analogiam jene abstrakte Kraft, die eigentlich nichts als causale Beziehung, Voraussetzung allgemeinen
Zusammenhanges in der Erscheinung ist, mit jener bestimmten
Kraft, Muskelkraft, die nur in gewissen Beziehungen, Wirkungen
als Muskelempfindung vorkommt. Daher kommt es, dass dann
die Körper als selbständig wirkend angesehen werden, d. h. als
transcendent wirkende Substanzen, die gleich uns selbständig
sind und daher transcendente Individuen ausser uns bilden
sollen. Dieses beruht aber auf der zweiten falschen Voraussetzung eines transcendenten Ich, als wirkend, Kraft übend.
Da wir nun bei den Körpern eine derartige bestimmte Kraft
(Muskelempfindung) nicht finden und finden können und sie
doch per (falsam) analogiam erschliessen zu müssen glauben,

---

[1] Vergl. Mach, l. c. p. 25, 46 und a. a. O.

so versetzen wir diese erschlossenen Kräfte in die Transcendenz,
weil sie in der Immanenz nicht vorhanden sind. Diese Analogie
ist aber falsch, denn daraus, dass bei gewissen Wirkungen
(Beziehungen) unseres Leibes zur Aussenwelt jenes Kraftgefühl
(Muskelempfindung) vorkommt, folgt noch nicht, dass ein Ana-
logon auch bei jedem anderen causalen Vorgange angenommen
werden müsste, dass jede Wirkung gleichsam ein Muskeleffect
einer absoluten Kraft sein müsste [1]. Jener Muskeleffect ist
nicht die Form der Causalität überhaupt, sondern nur eine Art
jener Beziehungen, die wir causale nennen.

II. Transcendenz des Subjects.

Da wir schon bei der Besprechung der Transcendenz des
Objects die Widerspruchsvollheit der Transcendenz im Allgemeinen in hinreichender Breite behandelt zu haben glauben,
so kann die Besprechung der Transcendenz des Subjects eine
kürzere sein. An der Transcendenz des Objects haben manche
Philosophen gerüttelt und gezweifelt, die Transcendenz des
eigenen Ich, sei es als Seele, einfaches Wesen, Monade, Geist,
hielten fast Alle fest, ja die transcendente Existenz des Ich war
für manche grosse Denker (Augustinus, Descartes, Leibnitz) der
Ausgangspunkt ihres Philosophirens. An sich selbst, seiner
eigenen Existenz, zu zweifeln, schien Narrheit. Einer aber der
nicht mehr lebenden Philosophen, Fichte, hat die Unmöglichkeit auch der Transcendenz des Ich erkannt. Er sagt klar
und deutlich [2]:

„Es soll durch dieses Sich-selbst-setzen nicht etwa eine
Existenz des Ich, als eines unabhängig vom Bewusstsein be-
stehenden Dinges an sich, hervorgebracht werden; welche Behauptung ohne Zweifel der Absurditäten grösste sein würde.

---

[1] Spencer, l. c. p. 192 f., scheint dieses anzunehmen. —
[2] Sämmtl. Werke I, p. 529.

Ebenso wenig wird dieser Anschauung eine vom Bewusstsein
unabhängige Existenz des Ich, als anschauenden Dinges vorausgesetzt, welches meines Erachtens keine kleinere Absurdität
ist . . . . Eine solche Existenz ist nicht vorauszusetzen, sage
ich; denn, wenn ihr von Nichts reden könnt, dessen ihr
euch nicht bewusst seyd, Alles aber, dessen ihr euch
bewusst seyd, durch das angezeigte Selbstbewusstseyn bedingt wird; so könnt ihr nicht hinwiederum
ein Bestimmtes, dessen ihr euch bewusst seyd, die von
allem Anschauen und Denken unabhängig sein sollende Existenz
des Ich, jenes Selbstbewusstseyn bedingen lassen."
Doch auch Fichte ist nicht ganz frei von jener Transcendenz,
wenn sie auch nicht so deutlich hervortritt. Jenes Ich, aus
dem sich Alles entwickelt, ist ein reines Thun oder Handeln,
reine Thätigkeit und darf nicht einmal ein Thätiges genannt
werden[1]), aber diese reine Thätigkeit selbst ist transcendent.
Daher kann er zwar sagen, dass das Ich kein vom Bewusstsein
unabhängiges Ding ist, weil es eine durch Selbstbeschränkung
sich erfassende transcendente Thätigkeit ist. Ja er giebt zu,
dass man zu jener Selbstanschauung des Ich durch Abstraction
von allem Sein (bei Fichte eine bestimmte, daher beschränkte
Setzung) gelange, aber diese Abstraction ist mehr als Abstraction,
das Bewusstsein derselben nur ist durch Abstraction bedingt[2]).
Es ist die alles Bewusstsein sammt seinem bestimmten Inhalte
zur Consequenz habende unendliche Thätigkeit. Jede Bestimmung ist ein endliches Bewusstes, diese Thätigkeit ist daher
nicht das endliche Bewusstsein, sondern gehört unter die
Gründe des Bewusstseins[3]). Denn jener absoluten Spontaneität
kann sich das (endliche, empirische) Ich nicht bewusst werden,
weil es, indem es sich einer Handlung bewusst wird, sich derselben schon als bestimmten, endlichen bewusst werden muss[4]).
Man kann sich den Gedankengang Fichte's so vorstellen: Alles
Gedachte ist in einem Processe, einer Entwickelung begriffen,

---

[1]) S. W. p. 495. Löwe, Die Philosophie Fichte's, p. 36 f. —
[2]) S. W. I, p. 426, 457. — [3]) S. W. p. 334. — [4] S. W. p. 371.

aber bewusst ist man sich zuerst immer nur (am intensivsten!) des in Entwickelung Begriffenen, nicht der Entwickelung, nicht des Processes; wird man sich nachträglich dieses Processes bewusst, dann ist man sich seiner aber nicht als reinen Processes, sondern stets als bestimmten inhaltlichen Processes bewusst. Abstrahirt man nun von allem Inhalte, dann bleibt der reine Process, die reine Thätigkeit übrig und zwar, hier ist der Sprung in die Transcendenz, nicht nur als Abstraction, sondern als einer der Gründe des Bewusstseins. Warum aber diese Abstraction mehr als Abstraction sein soll, ist nicht erwiesen, aber aus einem anderen Grunde begreiflich. Auch Fichte erscheint nämlich das Bedingte nur durch Rückführung auf etwas Unbedingtes erklärt. Alles Gegebene aber ist in seiner Mannigfaltigkeit bedingt und von ihm aus kein Weg zum Unbedingten. Man muss daher den umgekehrten Weg vom Unbedingten durch allmähliche Beschränkung zum Bedingten, Endlichen einschlagen; und deswegen müsste jene Abstraction als unendlicher Ausgangspunkt der Welterklärung dienen [1]. Jene Abstraction führt aber gar nicht zum Absoluten, Unendlichen, sondern nur zur vollständigen Inhaltslosigkeit, zu einem inhaltslosen Processe, der gar nicht Ursache des inhaltsvollen sein kann, weil er nur an ihm, nie ohne ihn denkbar ist. Und würde sie selbst zum Unendlichen führen, so wäre Nichts erklärt, denn dann bliebe die Ableitung des Endlichen als Beschränkung des Unendlichen unbegreiflich. Wie soll das seinem Wesen nach Unbeschränkbare beschränkt werden? Dadurch verdarb Fichte den reinen Anfang seiner Philosophie und er verdarb seine Methode, denn er glaubte nun (und er musste es glauben, wollte er das Inhaltslose zum Grunde des Inhaltsvollen machen) durch reine Construction aus dem abstracten Begriffe der Thätigkeit die Mannigfaltigkeit der Welt deduciren zu können. So sagt er: „Der Philosoph kann ohne vorhergegangene Analyse componiren, weil er die Regel seines

---

[1] S. W. p. 333.

Gegenstandes, die Vernunft schon kennt[1])". So repräsentirt Fichte den Typus einer halben Transcendenz des Subjects, er, der Kant die Transcendenz des Objects so sehr vorgeworfen hat. Schelling und Hegel aber vergrösserten nur noch den transcendenten Charakter der Philosophie, denn ihr Subject-Object und Absolutes war durch eine viel grössere Kluft von seinem immanenten Ursprunge, dem Abstractum reiner Denkthätigkeit, entfernt.

1. Transcendenz des eigenen Ich.

Die Gründe welche man für die Transcendenz des eigenen Ich anführt, lassen sich auf drei Hauptgründe zurückführen: auf die stete Einheit und Dieselbigkeit des Ich im Leben, auf das Verschwinden und Wiedereintreten bekannter Vorstellungen — die Erinnerung, und auf die stets nothwendige Abstraction und Trennung des Gegebenen in Subject und Object in das Bewusstsein als Inhalt besitzend, und dem Inhalt als dem Bewusstsein inhärirend.

Es muss zugestanden werden, wir fühlen uns stets in unserem ganzen Leben als dieselben einen mannigfaltigen Inhalt zu einer Einheit zusammenfassende Personen. Wenn dieser einheitliche Zusammenhang einen Riss erleidet, ist Narrheit die Folge davon. Aber ist in dieser einheitlichen Persönlichkeit eine Transcendenz gegeben? Was ist dazu nöthig, als ein continuirlicher Zusammenhang der einzelnen Bewusstseinsmomente und ein Verhältniss der Einheit des mannigfaltigen Inhalts innerhalb dieser continuirlich in einander übergehenden Momente, oder eine continuirliche Einheit des durch seinen Inhalt bestimmten Bewusstseins? Liegt darin irgend eine Transcendenz? Und was sollte eine solche erklären? Ist jene Einheit und Persönlichkeit erklärt, wenn man sie einfach so, wie sie

---

[1]) S. W. p. 449. Ich unterscheide mich von Fichte schon fundamental dadurch, dass ich, vom Endlichen ausgehend, das Unendliche als rein Negatives (nicht zu beendenden Process) fasse, welches das Endliche, durch seine Negativität und Inhaltlosigkeit, gar nicht erklären kann.

ist, als specifische Beschaffenheit einem transcendenten Wesen
anhängt, das doch nur durch das, was es eben erklären soll,
gedacht werden kann? Soweit jene Beschaffenheit des transcendenten Wesens überhaupt Etwas erklären kann, ist sie eben
als die immanente Einheit und Persönlichkeit gedacht, aus der
man falscher Weise jene transcendente Beschaffenheit erschlossen
zu haben glaubt, so weit sie aber wirklich transcendent sein
soll, kann sie überhaupt gar nichts erklären, weil sie gänzlich
unbekannt ist und bleiben muss. Es wird eben wieder ein
Problem auf unbegreifliche Weise im unbegreiflichen Lande der
Transcendenz als gelöst betrachtet: „Der liebe Gott hat es so
eingerichtet" und „das vollzieht sich in der Transcendenz",
sind so ziemlich dieselben Erklärungsweisen. Es kann sich
aber doch nur darum handeln, jene Einheit und Persönlichkeit
in ihrem Wesen zu bestimmen, nicht aber ihr Entstehen zu
erklären; denn sonst müsste man sich auf einen Standpunkt
ausserhalb aller Einheit und Persönlichkeit des Bewusstseins
stellen, d. h. sich selbst als Immanenz negiren, dann aber trotzdem noch denken und erklären wollen. Was mit dem transcendenten Subjecte geleistet erscheint, ist nur, dass das ganze,
noch dazu falsche und unnöthige Problem des Grundes und
der Entstehung der immanenten Persönlichkeit unversehrt in
die Transcendenz versetzt wird. Man hat aber nur die
immanente Persönlichkeit zu analysiren, auf jene Elemente,
ohne welche es undenkbar wird, zurückzuführen; daraus folgt
aber noch keineswegs, dass jene Elemente vor der Persönlichkeit bestanden haben, weil ich, der ich Persönlichkeit schon
habe, sie mir aus jenen Elementen in abstracto zusammensetzen
kann, während diese Elemente in concreto stets schon in einem
untrennbaren Zusammen gegeben sind. Die Theile werden ja
doch ebensogut zu Theilen erst durch das Ganze, wie umgekehrt. Der zweite Grund für die Transcendenz des Ich scheint
schwerwiegender zu sein. Vorstellungen, Wahrnehmungen,
überhaupt Bewusstseinsinhalte treten aus dem Bewusstsein, verschwinden, aber sie kehren wieder als bekannte, dagewesene;
wo sind sie indessen gewesen? Die Antwort darauf ist natür-

lich in der Seele, im transcendenten Wesen des Geistes als
unbewusste Vorstellungen. Diese unbewussten Vorstellungen
sammt ihrem Repositorium der Seele sind ja gewiss berechtigte
und vielleicht nothwendige psychologische Hilfsvorstellungen
oder -constructionen; aber tragen sie Etwas zur Erklärung des
Gedächtnisses bei? Jene Seele mit ihren unbewussten Vorstellungen ist eben wieder nur als Erklärungsgrund verwendbar,
so weit diese unbewussten Vorstellungen und ihre etwa Seele
sein sollenden Verhältnisse wirklich gedacht, d. h. bewusst
sind. Indem die bewussten Vorstellungen verschwinden, werden
sie irgendwo ausserhalb des empirischen Zusammenhanges
(nicht des Bewusstseins) gedacht, von wo sie zu geeigneter Zeit
herbeigeholt werden sollen, weil man sie als gegenwärtig nicht
denken darf, ohne Bewusstsein als nichtbestehend aber gar
nicht denken kann; daher muss man jene Hilfsconstruction
der unbewussten Vorstellungen anwenden. Diese unbewussten
Vorstellungen sind in ihrem Inhalte und Wesen die bewusste
Welt, nur nicht in ihrem gegenwärtigen Bewusstsein, sondern
in der Möglichkeit ihres Bewusstseins, in ihrem Bewusstwerden
gedacht. Sie sind also entweder überhaupt gar nicht gedacht
und dann darf man auch nicht über sie urtheilen wollen, oder
sie sind gedacht und dann abstrahirt man bloss von ihrer
Gegenwärtigkeit und reflectirt auf die Möglichkeit ihres Ver-
schwindens und Wiedereintretens in's Bewusstsein: d. h. auf
ihre Vergangenheit. Die Vergangenheit ist aber nicht ein
transcendentes Etwas, in welchem sich die unbewussten Vorstellungen herumtummeln, sondern eine Beziehung innerhalb
der bewussten Vorstellungen, eine Art des Bezogen-seins der
Vorstellungen aufeinander. Wäre die Vergangenheit nicht eine
gegenwärtig bewusste Beziehung, dann müsste sie ganz unbekannt, undenkbar sein. Die Seele aber, die jenen unbewussten
Vorstellungen als Repositorium dienen soll, hört auf, irgend
welchen Zweck zu haben, wenn diese aufhören, transcendent
sein zu wollen.

Die Immanenz genügt, inhaltlich Vergangenheit und Zukunft, so weit dieses überhaupt möglich ist, zu bestimmen;

Vergangenheit und Zukunft in ihrem Entstehen aus Etwas, das
sie nicht sind, erklären zu wollen, würde wieder einen Standpunkt ausserhalb aller Vergangenheit und Zukunft, d. h. einen
undenkbaren Standpunkt verlangen.

Ein wichtiger Grund aber, warum man unwillkürlich das
Ich transcendent zu fassen sich bemüht, ist die stets gegebene
Abstraction des Bewusstseins vom Inhalte und umgekehrt. So
innig nämlich Bewusstseinsbeziehung und Inhalt zusammenhängen, in den Blickpunkt des Bewusstseins fällt immer nur
ein kleiner Umkreis des Gegebenen [1]), das Uebrige verschwindet
mehr im Hintergrunde des Bewusstseins: wird ein Inhalt scharf
fixirt, so geht der Bewusstseinsprocess fast ganz für die Auf-
merksamkeit verloren, wird der Bewusstseinsprocess fixirt, dann
tritt der Inhalt in den Hintergrund. So denkt man stets in
Abstractionen und die Welt zerfällt in Subject (Bewusstseinsbeziehung) und Object (inhaltliche Beziehung), und obschon
beide nur durch einander bestimmt sind, werden doch beide
scharf getrennt. Durch diese Trennung werden aber beide
leicht verselbständigt: das Bewusstsein scheint als unabhängig
den Inhalt besitzend, habend, der Inhalt als dem Bewusstsein
inhärirend, sich ihm aufdrängend. Diese Verselbständigung des
Bewusstseins, das doch ohne Inhalt in concreto ebenso unmöglich ist, wie dieser ohne Bewusstsein, führt endlich zur
Verdinglichung des Bewusstseins. Das Bewusstsein aber als
Ding wird dann als unveränderliche und einfache Substanz in
die Transcendenz versetzt. Das Abstractum Bewusstsein, wird
zum concret seinsollenden Ding in der Transcendenz.

2. D a s W e s e n d e s I c h. Das Ich ist stets Eines und
verleiht Allem, mit dem es in Verbindung gedacht wird, Einheit; es ist stets dasselbe, ein Bruch dieser continuirlichen
Gleichheit ist Narrheit. Es ist aber auch, ohne seinen wechselnden Inhalt gedacht, vollständig leer, es hat keinen festen, be-
ständigen Inhalt. Und doch ist es sich selbst Inhalt — es ist

---

[1]) Wundt, Logik. p. 14; Psychologie, p. 717 f., I. Aufl.

ein schon viel besprochenes Räthsel. Doch fassen wir es bei
dem letzten Punkte. „Es ist sich selbst Inhalt." Inhalt kann unmöglich ein reines Nichts sein, noch auch kann
im selben Zeitpunkte dasselbe Ich sich Inhalt sein. Das Ich als
Inhalt ist das Ich der Vergangenheit, insofern es Erinnerungs-
object ist. Mit anderen Worten: Wir haben nur Bewusstseinsdata, jede Transcendenz ist ausgeschlossen. Die Gegenwart als
Gegenwart betrachtet, bietet nur die Einheit von Bewusstsein
und Inhalt, so dass weder Inhalt ohne Bewusstsein, noch Bewusstsein ohne Inhalt denkbar ist. Dieser Bewusstseinsinhalt
ist aber ein fliessender, continuirlich in die Vergangenheit
tretender, es giebt keine Gegenwart für sich ohne Vergangenheit; sie ist nur Gegenwart in Bezug auf die Vergangenheit
und umgekehrt. Insofern nun ein Bewusstseinsdatum, ein
Bewusstseinsinhalt als vergangen erfasst wird, ist er bezogen
auf die Gegenwart, er ist Inhalt der Gegenwart, wenn auch
vergangener. D. h. das Bewusstseinsdatum wird getrennt in
den Inhalt: dieser ist vergangen, und in das Bewusstsein desselben, dieses ist stets gewärtig. Das Bewusstsein im Bewusst-
seins-Inhalte ist stets unauflöslich in der Gegenwart mit seinem
Inhalte verbunden, es wäre höchst ungereimt, von einem Bewusstseinsinhalte zu sprechen, wobei das Bewusstsein der Vergangenheit angehören würde. Und trotzdem kann das Bewusstsein doch selbst der Vergangenheit angehören — doch nur als
Reflexion auf den Process. Abstrahire ich nämlich in meinem
vergangenen Leben von allem wechselnden Inhalte, so bleibt
doch noch die continuirlich fliessende Einheit desselben, es
bleibt, abgesehen vom Inhalte der Process ununterbrochener
Entwickelung, continuirlicher Folge des Inhaltes, als Inhalt des
gegenwärtigen Bewusstseins, welches als umfassendes Endglied
dieses ganzen Processes erscheint. Aber dieser ganze Process
ist ein Continuum: das gegenwärtige Bewusstseinsdatum wird
continuirlich ein vergangenes, continuirlich durch andere ersetzt:
der Bewusstseinsinhalt ist fliessend; aber von der Vergangenheit bleibt nur der Process der continuirlichen Inhaltsentwicke-
lung übrig, das Bewusstsein ist das stets gegenwärtige Endglied

6 *

desselben, mit welchem dieser ganze Process als Inhalt gegeben
ist. Dadurch, dass die Verdrängung des gegenwärtigen Bewusstseinsinhaltes aber eine continuirliche ist, giebt es keinen
Augenblick des Stillstandes, das Ich als vergangener Process
wird continuirlich Inhalt des Endgliedes dieses Processes: des
gegenwärtigen Bewusstseins, werden. Also nicht das vergangene
Bewusstsein, dieses kann nie ein vergangenes sein, sondern die
Reflexion auf den Process, der die Vergangenheit mit der
Gegenwart verbindet, ist das Selbstbewusstsein. Das Ich als solches
ist die Reflexion auf den vergangenen Bewusstseinsinhalt als continuirlich aus der Gegenwart
fliessenden und im gegenwärtigen Bewusstsein
enthalten en Process. Oder noch kürzer: Es ist der
im gegenwärtigen Bewusstseinsinhalte enthaltene,
vergangene als continuirlich mit ihm verbundene
Entwickelung. Dieses Ich ist die höchste Einheit als untrennbares Enthaltensein der Vergangenheit im jedesmaligen
gegenwärtigen Bewusstseinsmomente, ohne welches gegenwärtige
Bewusstsein es nicht denkbar ist, doch ebenso auch dieses nicht
ohne einen Inhalt. Die ganze Vergangenheit besteht ja doch
nur aus lauter gegenwärtigen Reproductionen, besteht also nur
in der Gegenwart.

Dieses Ich ist einfach, weil es unterschiedslos ist, sobald
man es für sich betrachten will. Was unmittelbar in der
Gegenwart gegeben ist, ist die untrennbare Einheit von Inhalt
und Bewusstsein. Das Bewusstsein ist Nichts für sich allein,
es ist nur das Bewusstsein eines bestimmten Inhaltes und zwar
als gegenwärtigen. Es ist also für sich allein undenkbar. Soll
es für sich allein aufgefasst werden, so ist es nur als Process
denkbar, als jener Process, der die ganze Vergangenheit als
stetig aus der Gegenwart geflossene und daher mit ihm nothwendig verbundene Entwickelung von Inhalten denkt. Da aber
die Inhalte bei dieser Abstraction Nebensache sind, so bleibt
der einfache Process übrig: die stetige Verbindung aller vergangenen Inhalte mit den gegenwärtigen. Dieser Process ist
so einfach, dass er nur charakterisirbar ist durch seine Inhalte.

Ich als Kind und Ich als Greis bin nur unterschieden durch
meine Inhalte, das Bewusstsein als die stetige Verbindung derselben ist nicht unterscheidbar. Man kann wohl eine grössere
oder geringere Intensität unterscheiden, das Bewusstsein bleibt
aber stets seiner Qualität nach nur bestimmt durch seinen Inhalt, also einfach. Daher ist auch nie das Bewusstsein für sich
allein Inhalt des gegenwärtigen Ich, sondern nur als Verbindung vergangener Bewusstseinsinhalte mit dem gegenwärtigen.
„Ich bin Meiner" bewusst kann nur heissen: Bewusstseinsinhalt der Gegenwart sind die vergangenen Inhalte, insofern
sie untrennbar mit den gegenwärtigen Bewusstseinsinhalten verknüpft sind. Das Ich ist also einmal als gegenwärtiger Process,
und das andere Mal als vergangener gedacht. Das Ich ist gegenwärtig, insofern alle gegenwärtigen Inhalte stetig in die Vergangenheit fliessen, es ist vergangen, insofern alle vergangenen
Inhalte mit den gegenwärtig fliessenden untrennbar verknüpft
sind. Indem aber von allem Inhalte abstrahirt
wird, bleibt nichts Anderes, als der vergangene
und gegenwärtige Process übrig, deren Identität erkannt wird: Ich erkenne mich als stets denselben. Das Ich
ist also ein continuirlicher Process und die Selbsterkenntniss
ist nichts Anderes, als die Erkenntniss der Identität, Einheit
und Einfachheit dieses Processes in Vergangenheit und Gegenwart; wobei aber wohl zu beachten, dass dieser Process ein
Continuum ist: so dass man die Gegenwart nie als Gegenwart,
sondern immer schon als Vergangenheit erhascht, aber auch
die Vergangenheit nur vergangen ist, insofern sie gegenwärtig
ist. Mit anderen Worten: In der Gegenwart ist Bewusstsein
und Inhalt untheilbar gegeben, die Reflexion findet den Inhalt
schon als vergangenen vor, dadurch aber auch schon trennbar;
denn jetzt kann der Process, der Vergangenheit und Gegenwart
verbindet, getrennt vom Inhalte, bewusst werden. Natürlich
kann das keine vollständige Trennung, sondern nur eine Abstraction sein, denn der ganze Process bleibt doch nur immer
durch den sich in ihm entwickelnden Inhalt charakterisirt.

Dieses Ich aber in seiner Reinheit ist eine höchst schwie-

rige Abstraction, daher wird im gewöhnlichen Leben eine
Scheidung des Bewusstseinsprocesses vom Inhalte nie vollständig stattfinden. Und es wird daher mehr oder weniger rein,
je nach der Bildungsstufe des Betreffenden, gedacht werden
müssen. Auf der niedrigsten Stufe wird es identificirt werden
mit dem Processe der körperlichen Entwickelung und wird
dann erst durch stets allgemeinere und abstractere Processe
ersetzt werden, bis es als ein Process nicht ohne Inhalt, aber
ohne bestimmten Inhalt gedacht wird.

Doch, wie es scheint, sind wir der Gefahr der Transcendenz
entkommen, um in eine andere zu verfallen, die eine nothwendige Consequenz der Immanenz ist. Ist nämlich Alles nur
Bewusstseinsinhalt, so kann Alles auch nur mein Bewusstseinsinhalt sein; ein fremdes Ich kann doch nur als mein Bewusstsein gedacht werden: insofern die gehörte Sprache, die
gesehenen Handlungen in mir Associationen und Schlüsse her-
vorrufen, die, auf Analogien beruhend, die Basis des fremden
Ich's bilden. Wir sind also vollständig im Solipsismus darin-
nen. Was besteht, bin ich, und ich bin Alles, was besteht —
ein unleugbarer Satz, sobald man das Ich nicht als reinen
Process, sondern als inhaltsvollen Process setzt. Vor einem
vollständigen Solipsismus schützt aber zweierlei: 1) Die Gleich-
berechtigung des fremden Ich mit dem eigenen und 2) die
Eigenthümlichkeit des Denkens, stets nur eine Seite des Gegebenen scharf auffassen zu können, d. h. nur abstrahirend
zu erkennen.

3. Das fremde Ich [1]). Es muss, ehe überhaupt ein
Streit möglich ist, als zugestanden betrachtet werden, dass
fremde Empfindungen nie unmittelbar gegeben, sondern aus
gewissen eigenen Wahrnehmungen erschlossen und mithin doch
eigene, obzwar als fremde gedachte Empfindungen sind. Diese
erwähnten Wahrnehmungen sind Wahrnehmungen eines fremden Leibes, der also seinem Gegebensein nach eine unmittel-

---

[1]) Vgl. Schuppe, Logik, § 23.

bare, unserem Leibe gleichberechtigte Thatsache ist. Wir können
ebensowenig den fremden Leib, als den unsrigen leugnen, ohne
dadurch die Vorstellbarkeit und Denkbarkeit unserer ganzen
Wahrnehmungswelt vernichtet zu haben. Er ist ein nothwendiges Glied unserer ganzen Bewusstseinswelt, die nur in
einem bestimmten Zusammenhange denkbar ist, welcher Zusammenhang mit der Leugnung des fremden Leibes undenkbar
wäre, so dass die ganze Bewusstseinswelt nicht gedacht werden
könnte. Aber er ist doch nur Inhalt eines bestimmten Bewusstseins, welches ich mein Bewusstsein nenne. An diesem
fremden Leibe nun bemerke ich gewisse Veränderungen, Bewegungen, mit ihm im nothwendigen Zusammenhange stehenden Schall, Laute, Worte, welche Veränderungen, Bewegungen,
Worte den gleichartigen Kundgebungen meines eigenen Leibes
analog sind. Diese Veränderungen meines Leibes aber stehen
in einem nothwendigen Zusammenhange mit meiner Repro-
ductions- und Wahrnehmungswelt als meiner eigenen. Daher
muss ich mit den Veränderungen des fremden Leibes die Vorstellung einer ebensolchen fremden Reproductions- und Wahrnehmungswelt associiren, verbinden. Dennoch ist in anderer
Beziehung diese Association wieder meine eigene, ein Theil
meines Bewusstseinslebens; wie der Berg, den ich vor Jahren
gesehen habe, in einer Beziehung meiner Vorstellungswelt, in
anderer Beziehung der Wahrnehmungswelt angehört, die mit
Abstraction von meiner Persönlichkeit, aber doch von mir gedacht wird. So abstrahire ich (und das ganze Denken ist stets
abstrahirend) bei gewissen Bewusstseinsinhalten von allen eigenen Bewusstseinsbeziehungen und gelange dadurch in abstracto zu einer von allem Bewusstsein unabhängigen Welt:
der Wahrnehmungswelt, und zu einer meiner Bewusstseinswelt analogen Welt: dem Inhalte des fremden Ich.
Jene Welt der Wahrnehmung ist, als ohne Bewusstseinsbeziehungen
gedacht, das gemeinsame Object aller Ich. Aber diese nach
Analogien erfolgenden Associationen, welche das fremde Ich
ausmachen, sind nicht nur Associationen der Gewohnheit, sondern sie werden nach sorgfältiger Ueberlegung auch als logisch

nothwendige Schlüsse, die ihre Bestätigung in der Erfahrungswelt finden, angesehen werden müssen. Ja noch mehr: es
muss zugestanden werden, dass unser eigenes Benehmen, unser
Denken und Sprechen sich nach dem schon entwickelten fremden Benehmen, Denken und Sprechen entwickelt habe, wenn
auch anfangs jenes fremde Benehmen und Sprechen uns zum
grossen Theile unverständliche Pantomimen und Laute gewesen
sind, zu deren Verständniss wir erst durch ihren Zusammenhang mit unserer übrigen Wahrnehmungswelt gelangt sind.
Auch, wo wir mit unserer Erinnerung nicht mehr hinreichen,
bei unserer frühesten Kindheit, und endlich, wo unsere Erinnerung gar nicht mehr hinreichen kann, bei jener Zeit vor
unserer eigenen Kindheit, müssen wir fremde Leiber, fremdes
Bewusstseinsleben voraussetzen, ohne welche Voraussetzung
unsere Wahrnehmungswelt, unsere Reproductionswelt in dieser
Beschaffenheit und in diesen Beziehungen, in denen sie gedacht
werden muss, nicht denkbar wäre. Alle diese Schlüsse sind
nothwendig vom Standpunkte eines die Welt möglichst zu-
sammenfassenden, ein getreues Gesammtbild entwerfenden
denkenden Wesens. Aber alle diese Schlüsse sammt ihren erschlossenen Inhalten sind von einem anderen, jenen umfassenden Standpunkte nur denkbar, insoweit sie im Zusammenhange
mit einem gegenwärtigen Bewusstseinsinhalte stehen, insoweit
sie ein gegenwärtiges einheitliches Bewusstsein umfasst. Dieses
Bewusstsein ist mein Bewusstsein, ohne ein fremdes ebenso
undenkbar, wie dieses ohne mir. Will man noch mehr, dann
muss man verlangen sein eigenes Bewusstsein, also sich selbst
negiren zu sollen, um dann doch wieder von sich selbst ein
Urtheil über ein anderes Selbst zu fordern.

4. Werth des fremden Ich. Ein Mein ist undenkbar
ohne Dein. Indem wir also vom eigenen Ich, vom eigenen
Bewusstsein sprechen, setzen wir schon ein fremdes Ich, ein
fremdes Bewusstsein voraus. Nur in dem Contraste desjenigen
Theiles unserer Bewusstseinswelt, welcher das fremde Ich und
sein Inhalt genannt wird, ist unsere ganze Bewusstseinswelt als

die eigene Bewusstseinswelt denkbar. Ohne jenen den Con-
trast liefernden Theil unseres Bewusstseinsganzen ist dieses als
eigenes Ich nicht denkbar; es bliebe dann ein Bewusstsein
überhaupt. nicht aber mein Bewusstsein übrig. Der gegebene
Bewusstseinsprocess muss erst gespalten gedacht werden in
eine unmittelbar und mittelbar gegebene Reproductionswelt und
eine als gemeinsamen Besitz gedachte Wahrnehmungswelt, ehe
Ich und fremdes Ich, ehe überhaupt menschliche Gesellschaft
denkbar ist; aber denkbar ist sie doch nur innerhalb eines sie
umfassenden Bewusstseins, welches im Gegensatze zu diesem
in ihr enthaltenen Theile: das individuelle Bewusstsein genannt wird.

Das fremde Ich hat dieselbe Geltung wie das erschlossene
Erdinnere oder die erschlossene Detailbeschaffenheit der Sonne,
welche beide unwahrnehmbar, doch als nothwendige Bestandtheile der Wahrnehmungswelt gedacht werden müssen; aber es
hat diese Geltung nicht als Bestandtheil der Wahrnehmungswelt,
der als nothwendige Ergänzung zu ihr hinzugedacht werden
muss, sondern als nothwendiger Theil des die Wahrnehmungs-
und Reproductionswelt in sich schliessenden Bewusstseinsganzen.
Auch das eigene Ich, soweit es nur in seinem Gegensatze zum
fremden gedacht wird, erscheint als eingeschlossen in jenem
Bewusstseinsganzen, als ein dem fremden Ich nicht über-,
sondern beigeordneter Begriff, der sich aber, sobald man dieses
Gegensatzverhältniss nicht allein in's Auge fasst, sofort zum
Alles umfassenden Bewusstsein erweitert. Daher spaltet sich
das Bewusstseinsganze in eine Reproductionswelt, die als eigenes
Ich gedacht wird, in die mit diesem Ich im nothwendigen Zusammenhange stehenden und gedachten Reproductionswelten
der fremden Ich und in eine allen Ich gemeinsam gedachte
Wahrnehmungswelt. Alle diese müssen aber in jedem Augenblicke als von jenem gegensatzlosen Ich (Bewusstsein) um-
schlossen gedacht werden.

Die Schwierigkeit ist nun, jene nothwendig als selbständig
zu denkenden Bewusstseinswelten der verschiedenen Ich in
einen wissenschaftlichen und genau bestimmten Zusammenhang

mit der gemeinsam gedachten Wahrnehmungswelt zu bringen.
Dabei kann es sich nicht darum handeln, das Problem un-
gelöst in die Transcendenz zu versetzen, auch nicht die Reproductionswelten aus der Wahrnehmungswelt entstehen zu
lassen (dazu würde ein ausserhalb beider stehender unmöglicher
Standpunkt erforderlich sein), sondern die beiderseitige Abhängigkeit der Reproductions- und Wahrnehmungswelt, ihrem
immanenten Zusammenhange nach, festzustellen. Zur Feststellung dieses Zusammenhanges können Hilfsconstructionen,
grossartige wissenschaftliche Gebäude nöthig sein und diese
werden auch, insofern sie nicht mehr als Hilfen sein wollen,
ihren bedeutenden wissenschaftlichen Werth besitzen. Wollen
sie aber ausser dieser ihrer Hilfsleistung noch die Geltung
selbständiger, concret gedachter Theile der Wahrnehmungs- oder
Reproductionswelt besitzen, so führen sie nur zu widerspruchs-
vollen Existenzen. Das fremde Ich ist nothwendiger concreter
Theil des Bewusstseinsganzen, ohne welchen dieses Ganze überhaupt nicht denkbar wäre. Die Welt der Atome hat nur den
Werth von Hilfsconstructionen zur Bestimmung des Bewusstseinsganzen und hat diesen Werth nur so lange, als es sich
wirklich als Hilfe erweist. Man nehme die ganze Welt mathematischer Analogie hinweg, bleibt die übrige Welt für den gemeinen Mann nicht denkbar? Man nehme das fremde Ich fort
und die ganze Welt wird undenkbar.

Dieses fremde Ich ist aber doch ein Hirngespinnst, wird
man mir einwenden. Gewiss, für jemanden, der sich nicht
entschliessen kann, die transcendente Welt aufzugeben, nicht
aber für den Philosophen der Immanenz. Auch das Hirngespinnst hat seine Existenz, soweit es als nothwendiger Theil
meiner Reproductionswelt gedacht werden muss; es wird nur
zum „Hirngespinnst", indem es in Beziehungen gedacht werden
soll, in denen es gar nicht gedacht werden kann. Das Hirngespinnst, der Irrthum, ist und besteht, soweit er wirklich,
nothwendig gedacht ist. Der Irrthum kann nur in einem
scheinbaren Denken, in einem Nebeneinanderstellen, anstatt zu
verbinden oder zu trennen, bestehen, soweit aber Etwas wirk-

lich und daher nothwendig gedacht ist, ist und besteht es auch,
sonst wäre Wissen und Wahrheit ein leerer Schall. Denke
ich (oder eigentlich glaube ich zu denken) daher das fremde
Ich in ihm gar nicht zukommenden Beziehungen, dann denke
ich es als Hirngespinnst, denke ich das Hirngespinnst aber in
seinen richtigen Beziehungen, dann ist es eben kein Hirngespinnst mehr: denn ein absoluter Irrthum, ein Etwas, das nur
aus Widersprüchen, also Undenkbarkeiten bestehen soll, ist
selbst undenkbar, d. h. besteht nicht.

Dass aber doch so Vieles ohne jenes eigene, Alles um-
fassende Ich gedacht wird, in scheinbar vollständiger Isolirung
von ihm besteht, ist nur möglich wegen des stets abstrahirenden
Charakters des Denkens.

5. Das Denken als abstrahirend. Das Erkennen, ja
das Denken überhaupt ist abstrahirend, so dass niemals ein
Bewusstseinsdatum, weder an und für sich, noch in Bezug auf
die Gesammtheit überhaupt möglicher Bewusstseinsdaten erkannt oder gedacht werden kann. Nicht an und für sich, weil
es nur als unterschieden und bestimmt von anderen Bewusstseinsdaten gedacht werden kann, mithin an und für sich ein
Unterschiedsloses, also ein reines Nichts ist. Eine Rose ist
nicht wahrnehmbar, ohne eine Abgrenzung, einen Gegen-
satz, der die Rose nicht ist, sondern etwas Anderes; ebensowenig ist sie für sich allein als Concretum reproducirbar,
ohne Etwas, das sie nicht ist, mit vorzustellen. Will man die
Rose aber nur begrifflich denken, dann ist ein ganz isolirtes
Denken derselben um so weniger möglich, als dieser Begriff doch
das an der Rose ausdrücken soll, worin sie mit anderen Bewusstseinsdaten gleich (Gattungsbegriff), und ebenso auch das,
wodurch sie von ihnen geschieden ist (specifisches Merkmal). Also
Etwas vollständig an und für sich zu denken, vorzustellen oder
wahrzunehmen, ist so unmöglich, wie mit einem Siebe Wasser
zu schöpfen. Das Denken ist eben ein Denken in Verhältnissen und Beziehungen.

Es kann aber auch Etwas nicht in einem Denkacte in

seinem Verhältnisse zu allen überhaupt möglichen Bewusstseinsdaten erkannt werden, aus zweierlei Gründen. Erstens: weil
alle übrigen Bewusstseinsdaten nicht bekannt sind, und weil
die Menge möglicher Bewusstseinsdaten nicht begrenzt sein kann,
ohne durch Etwas, also wieder ein Bewusstseinsdatum, begrenzt
zu werden. Es ist also hier, wie schon erwähnt, ein unendlicher Process der Vergleichung aller Bewusstseinsdaten und
Feststellung des Resultates derselben als neuen Bewusstseins-
datums nothwendig. Zweitens ist es aber auch unmöglich, ein
Bewusstseinsdatum in allen seinen Beziehungen auch nur zu
vielen anderen mit einem Male zu denken. Eine Vergleichung
findet stets zu einem bestimmten Zwecke (der allein die Auf-
merksamkeit erhöhen kann) statt, ist also nur eine einseitige
Vergleichung der Bewusstseinsdaten; und wenn nun auch die
einzelnen Resultate der Vergleichung wieder unter einander verglichen werden können, und so durch ein gemeinschaftliches
Resultat ausgedrückt werden, so ist diese Vergleichung doch
nur wieder eine beziehentliche zu einem bestimmten Zweck —
dem Abstractions- oder Reflexionsziele, es wird dieses Resultat
nur einer Seite nach, d. h. im Unterschiede und der Uebereinstimmung zu wieder ganz bestimmten anderen Resultaten gedacht. Mit kürzeren Worten: Das Resultat des Denkens kann
nicht ein Allgemeinstes, ein Absolutes im Sinne der Abstraction
sein, sondern immer nur ein bestimmtes, mithin begrenztes,
daher nicht Alles, sondern nur Einiges in sich fassendes
Denken sein. Das, was oft als das Absolute hingestellt wurde,
war nur ein inhaltsloses Etwas, als Concretum oder Abstractum,
das seine Bedeutung nur in der Erwartung bestimmten Inhaltes hatte, nicht aber an und für sich. Das Denken kann
also weder von Allem abstrahiren, denn dann denkt es Nichts,
noch kann es auf Alles reflectiren, denn dann denkt es etwas
erst durch einen unendlichen Process zu Bestimmendes, mithin
Etwas, das nie gegeben sein kann. Das Denken ist also abstrahirend, d. h. es fasst stets das Gegebene nach einer Seite
seiner Beziehungen hin auf, und muss, soll es diese Beziehungen
scharf und richtig auffassen, alle übrigen ausschliessen. Damit

ist nicht gesagt, dass nicht oft, stets oder zeitweilig andere Beziehungen in die fixirte Beziehung hineinspielen, aber sie
werden von den Resultaten des Denkens ausgeschlossen, sobald
sie zum Abstractionsziele, dem Zwecke jedes wirklichen Denkens,
in keinem Verhältnisse stehen. Z. B.: Eine jede genaue Betrachtung einer Rose muss sie in dem Unterschiede, dem Con-
trast ihrer Umgebung auffassen, dabei aber doch von dieser
Umgebung insoweit abstrahiren, als diese nicht zur Rose in
Beziehung steht. Also die Farbe der Umgebung der Rose wird
betrachtet, aber nur insofern sie die Farbe der Rose bestimmt,
denn bei vorherrschend grüner Umgebung wird die Farbe der
Rose anders erscheinen, als bei vorherrschend rother Umgebung. Ebenso wird die Gestalt der Rose von ihrer Umgebung
abhängen, von ihrer Lage, in der sie gesehen wird; und ihre
Grösse wird bestimmt werden von der Grösse ihrer Umgebung,
ihr Duft vom Dufte der Umgebung u. s. w. So erscheint die
Rose bestimmt durch ihre Umgebung bei ihrer intuitiven Betrachtung: ich vermag nicht die Rose getrennt von ihrer Umgebung zu betrachten, die Rose an und für sich existirt nicht,
sie ist immer die Rose ihrer Umgebung.

Aber ebensowenig vermag man Rose und Umgebung, also
das ganze Gesichtsfeld derart zu betrachten, dass man es nicht
in einer bestimmten Beziehung, sondern beziehungslos betrachten
würde. Dieses „beziehungslos" kann doch nur bedeuten: unter
Ausschluss jeder Vergleichung, oder unter Ausschluss jeder bestimmten Vergleichung, also Zulassung der allgemeinsten Vergleichung. Ohne eine wenigstens intuitive Vergleichung aber
ist ja nicht einmal die Farbe zu betrachten möglich, die doch
nur gesehen wird in dem Verhältnisse der sie begrenzenden
Farbe. Dieses vergleichungslose Betrachten würde gleichkommen
dem: überhaupt gar nicht Betrachten. Man könnte also nur
behaupten, trotzdem, dass nicht betrachtet wird, sei doch das
da, welches man betrachten könnte. Aber soll dieses: „da
sein" mehr bedeuten als die Möglichkeit einer Betrachtung, also
Beziehung und Vergleichung, dann ist es eben transcendent:
denn Etwas ist doch nur da, insofern es betrachtet wird, und

doch nicht, ohne dass es betrachtet wird. Es ist eine Täuschung, wenn man glaubt, es sei Etwas gegeben ohne eine mit demselben gegebene Vergleichung, Beziehung, die wenn nicht rein begrifflicher, so doch gewiss intuitiver Art sein muss. Man lasse doch alle Beziehung aus und frage sich, ob das Gegebene noch beziehungslos übrig bleibe? Das Denken ist ein Denken in Verhältnissen, wobei jedes Verhältnissglied eben nur in einem Verhältnisse gedacht erscheint, an und für sich, beziehungslos aber, undenkbar ist. Dass trotzdem Manches als beziehungslos hingestellt wird, kommt daher, dass man die Beziehung dem Subjecte — das Bezogene dem Objecte zuschreibt, und so das Untrennbare trennt. Abstrahirt man dann von der Beziehung des Subjects, so bleibt das Bezogene übrig; wobei man vollständig übersieht, dass das, wovon abstrahirt wurde, eben weil man genöthigt ist zu abstrahiren, unverlierbar mitgegeben ist. Man denkt einmal die Glieder durch die Beziehung, und das andere Mal die Beziehung durch die Glieder und glaubt auf diese Weise sie beide unabhängig gedacht zu haben. Mit der Beziehung negirt man aber stets auch das Bezogene.

Aber ebensowenig ist es möglich, Etwas ausser in bestimmter Beziehung zu denken. Es ist nicht möglich, dass Etwas so gedacht oder vorgestellt werde, dass in demselben alle möglichen Beziehungen mitgedacht sind; stets ist nur eine bestimmte Beziehung oder Art von Beziehung denkbar, die anderen sind ausgeschlossen, wenn sie auch in nothwendiger Verbindung mit den wirklich gedachten stehen. Das Gesichtsfeld kann nicht überhaupt betrachtet werden, sondern nur als ein Bestimmtes, also in einer Beziehung. Die Landschaft kann vom Standpunkte der Stimmung, Farbe, des landwirthschaftlichen Nutzens, der geologischen Eigenthümlichkeit, der optischen Verhältnisse, der angenehmen Einwirkung auf den Körper, ihrer historischen Vergangenheit gedacht werden — aber sie kann nicht in allen diesen Beziehungen und doch in keiner bestimmten von ihnen betrachtet werden: es hiesse das, sie in gar keiner Beziehung, mithin gar nicht betrachten. Wie die Rose nur in ihrer Umgebung betrachtet wird, so die Um-

gebung nur in Beziehung auf die Rose; mit einem Gliede hat
man beide gestrichen, ausser man setzt an die Stelle der Rose
einen anderen Grund der Beziehung. Es sei mir noch ein anderes Beispiel erlaubt. Man denke
sich einen Gegenstand, etwa einen Baum, der naturgetreu von
einem Maler wiedergegeben werden soll. Die Standpunkte, die
er für die Aufnahme des Baumes wählen kann, sind unzählige.
Sie befinden sich (falls ihm ein Gerüst erlaubt ist) in einer
Kugel, deren Mittelpunkt der Mittelpunkt des Baumes, und
deren Durchmesser eine grenzenlose Grösse ist — d. h. der
Standpunkte selbst giebt es grenzenlos viele. Es ist nun aber
unmöglich für den Maler, ebensowohl gar keinen Standpunkt
wählen zu wollen, als einen Standpunkt, der die Auffassungen
aller Standpunkte mit einem Male wiedergeben soll; ja nicht
einmal zwei Standpunkte dürfen in einem Bilde vereinigt sein.
Er kann zwar so verfahren, dass er einen idealen Standpunkt
wählt, der das in mehreren Standpunkten enthaltene Schöne in
einem Standpunkte vereinigt, als Resultat eines Standpunktes
darstellt, dann hat er ein ideales Bild des Baumes geliefert,
aber doch nicht von mehreren Standpunkten, sondern nur von
einem einzigen, der freilich aus vielen hervorgegangen sein
kann, aber doch nicht die vielen, sondern ein einziger ist.
Ebenso ist jede andere Auffassung in Kunst und Wissenschaft
eine bestimmte, einseitige, mag sie das Resultat von noch so
vielen anderen sein: denn jedes Resultat kann wieder nur in
einer bestimmten Beziehung zu einem anderen verwendet
werden. Somit ist die absolute Beziehung, die alle anderen in
sich fassen soll, ebenso wie das beziehungslose Gegebensein
nie vorhanden; die erste ist ein unerreichbares Ideal einer Alles
in sich fassenden Weltformel, das zweite ein Schein, als ob
das Gegebene nicht stets in Bezug auf Etwas gegeben wäre,
ohne welche Beziehung es nicht ist. Das Absolute hat doch
den Werth eines nicht begrenzbaren Processes, möglichst viele
Beziehungen zu einem einzigen Resultate zu verbinden, das
isolirt „Gegebene" aber ist nur die falsche Grundlage eines
halben Denkens.

Denken also (sei es Wahrnehmen, Vorstellen oder Be-
greifen) ist Beziehen, Vergleichen, Unterscheiden. Von diesem
Standpunkte aus wollen wir den Solipsismus betrachten.

Jeder Inhalt, jedes Datum, welcher Art immer, ist in
jenem oben beschriebenen Bewusstseinsprocesse begriffen, ist
ein Theil jenes stetig aus der Gegenwart in die Vergangenheit
fliessenden Inhaltes und gehört als solcher dem Ich an. Und
wenn auch das Ich als mein Ich gebunden ist an das Ich als
fremdes Ich, so ist doch auch dieses in meinem Bewusstseinsprocesse inbegriffen, es ist mein Bewusstseinsinhalt. Doch ist
dieses eben nur für einen Standpunkt giltig, für den Standpunkt jenes Entwickelungsprocesses, von dem jeder Inhalt ein
Theil ist. Nun sind aber sehr viele Standpunkte möglich, die
zwar immer innerhalb jenes Processes sich befinden werden,
deswegen aber nicht auf ihn zu reflectiren brauchen. So ist
es möglich, im Flusse der Bewusstseinsinhalte einen Standpunkt einzunehmen, der vom Fliessen relativ frei ist. Alles ist
in diesem Flusse relativ begriffen, aber es ist nicht dieses das
einzige Verhältniss, das zwischen den Inhalten besteht, sondern
gar viele Verhältnisse sind ohne Beziehung auf dieses Verhältniss — das Ich, denkbar. Das Ich ist nur eine Auffassung
des Gegebenen als Bewusstseinsprocess. Gleichwie im Wagen bald
die Bäume vor uns vorüberzufliegen scheinen, bald wir an den
Bäumen, so scheint sich bald Alles um das Ich herumzudrehen,
bald das Ich in allem Anderen aufzugehen. Betrachtet man
die Welt in ihren inhaltlichen Beziehungen, dann bleibt Nichts
für das Ich übrig, sein Inhalt ist stets ein fremder, nie ein
eigener; im Inhalte findet man nie den Bewusstseinsprocess,
sondern den Inhalt im Bewusstseinsprocesse. In diesem Tische —
dieser Rose, diesem Bergriesen etc. ist Nichts von meinem Ich
enthalten, weil das Ich Nichts ausser ihnen ist, sondern nur
der Bewusstseinsprocess, in dem jene auch begriffen sind.

Die Welt als Inhalt aber ist entweder Wahrnehmungs- oder
Reproductionsinhalt.

Alles nun, das in der Form der Wahrnehmung gegeben
ist, alle sogenannten wirklichen Gegenstände der Welt, haben

mit dem Ich ihrem Inhalte, ihrer inhaltlichen Beziehung nach
nicht das Mindeste zu thun, aber sie setzen jenen Bewusstseinsprocess, in dem sie enthalten sind, voraus, und mit der Reflexion darauf sind sie mein Bewusstseinsinhalt. Vergebens ist
es daher, das Ich, die Seele, das Bewusstsein aus dem Wahrgenommenen zu erklären, da das Wahrgenommene jene zu
ihrer Voraussetzung, nicht zu ihrem Inhalte hat.

Der Inhalt der Reproduction scheint inniger dem Ich an-
zugehören, weil er ja die Verbindung der Vergangenheit mit
der Gegenwart ist. Als vergangene und doch gegenwärtige
Inhalte drängt sich bei ihnen die Reflexion auf den Process
doch unwillkürlich auf. Die Wahrnehmung ist stets gegenwärtig und wird auch selbst als vergangene, doch stets als
mögliche Gegenwart gedacht. Nur in der Reproduction als
solcher erscheint der Inhalt als unwiederbringlich vergangen
und nur als vergangener gegenwärtig. Daher erscheint die
Reproduction als ein Process des Bewusstseins, des Ich der
Seele κατ' ἐξοχήν.